ずば抜けた結果の投資のプロだけが気づいていること

「すごい会社」の見つけ方

苦瓜達郎

新書
476

はじめに

株式投資をしようとする場合、みなさんはどうやって銘柄を選ぶでしょうか？

「やっぱりみんなが知っている大企業のほうが安心」

「急成長中で、株式市場で注目を集めている銘柄なら大儲けできるかもしれない」

そんなふうに考える人が多いのではないかと思います。「株で儲けたい」と思ったとき、まずそういった企業に目が向くのはごく自然なことでしょう。

しかし、「株式市場には、実は多くの人が見逃している『すごい企業』がゴロゴロしている」と知ったら、どうでしょうか？　そして、投資のプロがそういった「すごい企業」を発掘して投資し、高い運用成績を上げているとしたら――。

「そんな企業に自分も投資してみたい！」

「すごい企業ってどうやって探せばいいんだろう？」

そんな興味がわいてくるのではないでしょうか。

私は、大和住銀投信投資顧問という資産運用会社でファンドマネジャーの仕事をしています。

ファンドマネジャーというのは、簡単にいえば、個人の方や企業などから資金をお預かりして、そのお金を運用する仕事で、いわば「投資のプロ」です。

一般にファンドマネジャーが投資する対象はさまざまですが、私の場合は日本株、なかでも「中小型株《ちゅうこがた》」と呼ばれる中堅企業への投資を専門にしており、過去22年間、一貫して中小型株の調査を行ってきました。

現在は、主に時価総額1000億円以下の銘柄を投資対象とする「ニッポン中小型株ファンド」「大和住銀日本小型株ファンド」などを運用しています。

これまで格付投資情報センター「R&Iファンド大賞」国内中小型株式部門において、2012〜2017年の6年連続で「最優秀ファンド賞」「優秀ファンド賞」を受賞するなど、高い評価をいただいてきました。

なお、直近の第13期の1年間（2016年6月11日～2017年6月12日）では、「大和住銀日本小型株ファンド」の運用実績は年44・3％のプラスとなっています。

この運用実績は、私の徹底した企業調査により達成してきたものです。

私は年間に900回以上も企業との面談を行っており、今までに経営トップやIR（投資家向け広報）担当者などと直接面談した上場企業は2800社を超えています。

おそらく、上場企業とこれほど面談をしているプロの投資家は、ほかにいないのではないかと自負しています。

こうした企業調査を通じて感じるのは、一般には名前も事業内容もほとんど知られていない中堅企業がたくさんあり、そのなかに「知名度がないだけのすごい会社」や「偏見から低く評価されているけれど、実力は十分な会社」などがゴロゴロ転がっているということです。

私は、圧倒的な量の企業調査を通じ、株式市場で見落とされていたり、実態以上に低く評価されたりしている銘柄を発掘し、投資し続けてきました。中堅企業の調査のおもしろさや中小型株投資の醍醐味は、よくわかっているつもりです。

この本は、株式投資やプロの投資家の仕事に興味がある人、日本の中堅企業のおもしろい世界を覗《のぞ》いてみたい人などに向け、中小型株のことばかり考えてきた私の「頭の中」をお見せし、その魅力をお伝えできればと考えて執筆したものです。

「こんな世界もあるのか」ということを知っていただき、読者のみなさんの資産運用やお仕事などに少しでもお役立ていただければ、嬉しく思います。

2017年10月

大和住銀投信投資顧問シニア・ファンドマネジャー　苦瓜《にがうり》達郎

ずば抜けた結果の投資のプロだけが気づいていること／目次

はじめに 3

第1章 株式市場とは何物なのか 13

株を買うとはどういうことか 14
株式市場は「横暴な上司」 16
株式市場は下品で間違いだらけ 18
それでも私が株式市場を信頼する理由 21
株価の動向を気にしても仕方ない 24
5年でも10年でも待てる「信念」 26

第2章 誰にも開陳したことがない私の投資哲学 31

投資で考えるのは、「いつ」ではなく「いくら」か 32
「割安度」を判断する指標とは 33
PBRではなくPERを重視する理由 37

「買っていい」と判断するPERの水準は？ 39
業績予想はせいぜい1年先まで 43
主戦場は「中小型株投資」 45
なぜ中小型株が勝ちやすいのか 49
中堅企業はとても健全でおもしろい 51
AI銘柄は買いなのか 54
AIの活躍が期待できる分野は？ 58
バリュー投資か、グロース投資か 60

第3章 「すごい会社」はこうして見つける

「すごい会社」はこうして見つける 65
年間900回以上、企業面談を行う理由 66
初めての企業との面談で何を聞くのか 68
経営者との対話で何を見ているのか 72
2回目以降の面談では、数字の「背景」を重視する 76
プロが「裏情報」を持っているわけではない 78
自ら会社や工場を訪問するケースとは 81
情報源として新聞の優先順位が低いワケ 83

読み込むなら、お勧めは『会社四季報』 85
ケーススタディ①—100円ショップを展開するセリアへの投資 86
ケーススタディ②—学習塾を展開するステップへの投資 97

第4章 中堅企業はこんなにおもしろい 103

数百人規模の企業が活躍するニッチな世界①—食品加工機械メーカー 104
数百人規模の企業が活躍するニッチな世界②—ブライダル業界 111
ビジネスモデルで勝てる企業の条件①—インターネット業界 116
ビジネスモデルで勝てる企業の条件②—不動産業界 126

第5章 「苦瓜式」銘柄・情報整理術 137

会社の数字は「手書き」で要点をつかむ 138
数字はセグメント別にチェックする 143
業績の変動要因を見て、予想に落とし込む 147
バランスシートはシンプルにまとめる 151
「設備投資」と「研究開発費」は適切に使われているか 154

中小型株投資は個人でもできる 157
勝負事では「割り切る」ことが重要 160
株で勝つ人、負ける人 163
「気絶投資法」ができる人は強い 166

おわりに 170

構成　千葉はるか
図版・ＤＴＰ　美創

第1章

株式市場とは何物なのか

株を買うとはどういうことか

株式市場とどうつき合うべきかを考えるには、まず「株を買う」とはどういうことなのか、その本質を知っておく必要があります。

企業の株を買うと、その企業の「株主」になることができます。では株主になると、どんな「いいこと」があるのでしょうか？

「会社は誰のものか」という議論では、よく「会社は株主のものだ」という意見が出ます。ですから、みなさんのなかには「株を買えば会社を自分のものにできる」と考える方もいるかもしれません。

しかし私は、会社を「株主だけ」のものだとは考えていません。経営者やそこで働く人、取引先など、株主を含めた「その会社に関係するすべての人」のものだと理解しています。

そして、これら関係者のなかでも、株主は一番「後回し」にされるべき人たちだといえます。

株式投資をするときに企業の財務データを見ているという人は多いと思います。このうち「損益計算書」を読めば、「後回し」の意味が見て取れます。

ご存じのとおり、商品やサービスの「売上高」から、商品・サービスをつくるのにかかった原材料費、人件費、販売のためにかかった広告宣伝費などの経費を差し引いたものが「営業利益」です。

さらに、営業利益に本業以外で発生した損益、たとえば銀行からの借入金に対する利息などを足し引きしたのが「経常利益」となります。

そこに一時的な損益を足し引きしたものが「税引前当期利益」となり、その額に応じた税金を支払って残るのが「当期純利益」です。

この「当期純利益」が、株主の取り分となります（次頁の図1参照）。

つまり、取引先企業や従業員、金融機関などへの支払いや配分をし、税金も納めて、最後に残った分だけが株主のものになるわけです。

株を買って株主になるということは、わかりやすくいえば「一番後回しにされるけれ

図1 商品やサービスを売ったお金のうち、株主の取り分はどれくらい？

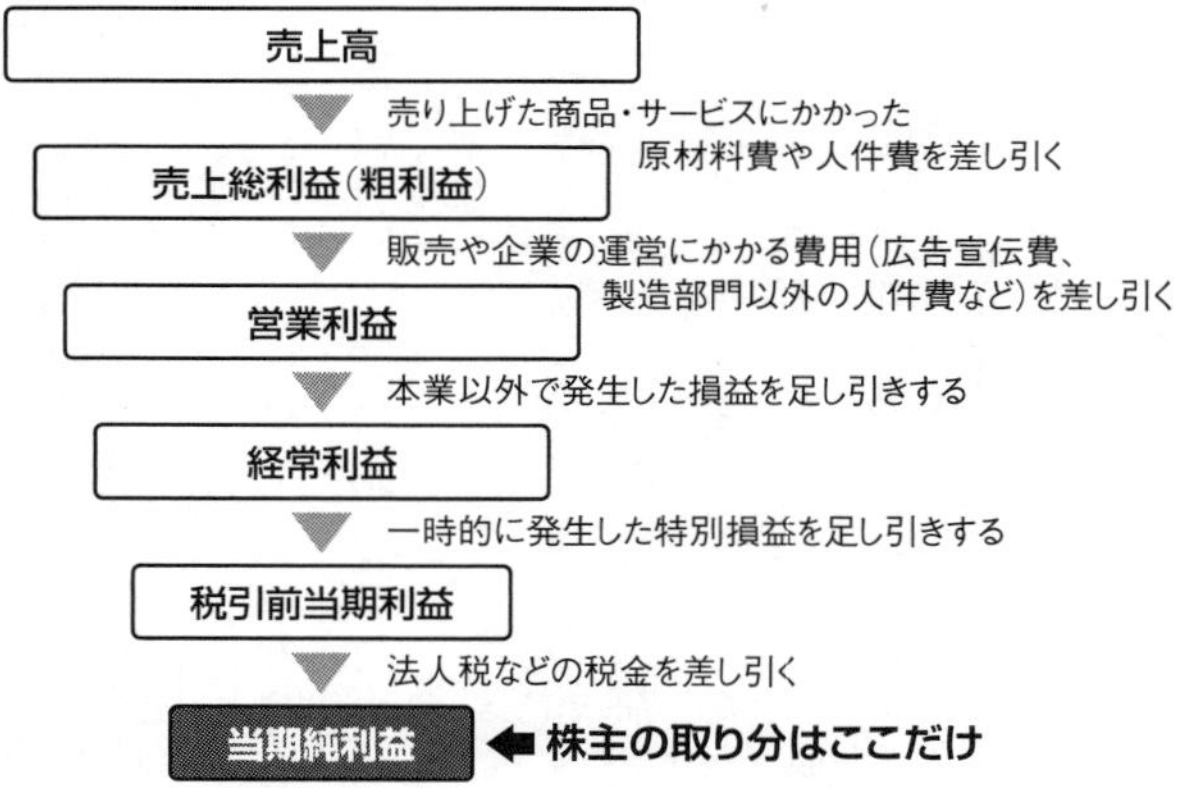
売上高
売り上げた商品・サービスにかかった原材料費や人件費を差し引く
売上総利益（粗利益）
販売や企業の運営にかかる費用（広告宣伝費、製造部門以外の人件費など）を差し引く
営業利益
本業以外で発生した損益を足し引きする
経常利益
一時的に発生した特別損益を足し引きする
税引前当期利益
法人税などの税金を差し引く
当期純利益
株主の取り分はここだけ

ど、その代わりに残った分は全部もらえる権利」を持つことだと考えられます。

なお、この「本来、株主に帰属する純利益」が実際に株主の意思に従って配分されているか、株主に配当金が十分に支払われているかどうかについては、議論があるでしょう。

しかし、本質的に純利益が「株主のもの」であることは間違いないのです。

株式市場は「横暴な上司」

株主は当然、企業に対してできるだけたくさん利益を上げることを求めます。「前年よりも多くの利益を出してほしい」

と望み、利益が伸びたら伸びたで、

「利益の成長速度をもっと上げてほしい」

と望むのが株主というものだ、といっていいかもしれません。

このため、株式市場では、企業は常に成長を期待されることになります。そして、ひとたび、

「成長しそうだ（株主に帰属する利益が、将来にわたって増えていきそうだ）」

という予測が立てば、株はその予測を先取りして買われることが少なくありません。

ときには株価が、「将来にわたる利益の成長」から計算してみた場合に、とても適正とはいえない水準にまで上昇することもあります。

株価の上昇は企業経営者にとってみればうれしいことですが、一方で、株式市場から過大な期待をかけられるので苦しい面もあります。

考えてもみてください。どんなにたくさん利益を上げても、株式市場は「もっと、も

っと」といい続けるのです。企業がこうした要求をかなえ続けられるかといえば、やはり無理があるといわざるを得ません。

私は、株式市場とは無理難題を言う「横暴な上司」のようなものなのだと思っています。それは、経営者だけでなく、投資家にとってもです。

株式市場は下品で間違いだらけ

株式市場はよく「間違い」を犯します。

株式市場とは、市場に参加する人たちが自分の利益を考えながら株に値段をつけていく場であり、参加者の総意によって株価が決まっていきます。そういう意味では、そこに「嘘」はありません。

しかし、株式市場が参加者の総意を反映しているからといって、その結果が全面的に正しいものになるかというと、必ずしもそうとはいえません。

株式市場の歴史を振り返れば、バブルが起きて株価が異常な水準まで上昇したことは何度もあります。少なくとも短期的には、「行き過ぎた株価上昇」を阻止する機能は、株式市場にはありません。

私にいわせれば、株式市場は「間違いだらけ」なのです。

さまざまな情報に対する株式市場の反応も、常に合理的とはいえません。言葉を選ばずにいえば、株式市場を見ていると、

「どうしてこんなにバカらしいことをしているのだろう」

とあきれてしまうことが少なくありません。

実際のところ、株式市場に参加している人の多くは、企業の本源的な価値を考えずに行動しています。彼らが見ているのは、「株価チャート」と呼ばれるグラフです。

株価がどう動き、売買がいかに増減したかということばかりを見て、

「この株はもっと上がりそうだ」

となると、いっせいに飛びつくのです。

株を買うのに対象である企業を見ようとせず、他人の動向を見て行動するというのは、生産的ではない話だと思います。

しかし現実には、チャート分析を中心に株式投資をする人たちの行動の影響もあり、株価が理屈に合わない動きをすることはよく起こります。

そして、そういった「おかしな値動き」は、一度起きると、一方向に向かって続きがちな傾向があります。本来、値上がりするに足る価値のない銘柄が、株式市場の、

「もっと上がるに違いない」

という根拠のない予想や願望、さらには、

「儲かるに違いない、儲けたい」

という欲望に乗って、どんどん値上がりしたりするわけです。

これは、株式市場が構造的に持っている問題です。

わかりやすくいえば、株式市場はときとして非常に「下品」になるということです。

「株式市場は間違いだらけで下品なものだ」などというと、驚く人が多いかもしれません。

しかし、そもそも株式市場というのは、その仕組み上、人間の「業《ごう》」そのものを映し

出すものなのです。間違いだらけで下品だから全否定すべきではありません。

株価の動きだけを見て投資するような人、一攫《いっかく》千金を夢見て株にお金を投じる人、他の人をカモにしようとしたり、自ら進んでカモになってしまう人などがいて、株式市場は日々動いています。

それをいいとか悪いとかいうのは、あまり意味のないことでしょう。

ですから私は、株式市場というものは、特別視したり神格化したりせずに、「間違いだらけで下品なものだ」ということを肝に銘じたうえで、賢くつき合っていくのがいいだろうと思っています。

それでも私が株式市場を信頼する理由

このように批判的に見ながらも、私は「横暴で、下品で、間違いだらけ」の株式市場を信頼しています。

株式市場には、株価を正しい方向に向かわせて、本来あるべき適正な水準に戻す「引力」があると信じているからです。

株式市場には、「企業が得た利益を分配する装置」という側面があります。「結局、どれほどの価値があるのか」を見定める際、「お金」で計算して判断するわけです。株というものは、最終的には夢や理想ではなく、リアリティとぴったりくっついているものだともいえます。

お金で計算できるというのは、ある面で非常に健全なことです。たとえば、政治家が政策論争をしたり宗教家が教義について議論したりするとき、各々の主張の価値を測るのは難しいでしょう。お金で測れない問題については、主張に間違いがあっても、それを間違いであると認めて反省するという方向に進みづらいといえます。

しかし、企業が株主にもたらす価値は、お金で計算できます。このため、合理的に説明のつかない株価については、株式市場はいずれ間違いを認めて、「反省」するものなのです。

私が信じる株式市場の「引力」は、そう強いものではありません。繰り返しになりますが、株式市場は間違いだらけであり、株価は本来進むべき方向とは逆の方向に簡単に進んでいってしまうものです。

しかしそれでも、株価を正しい方向に進めようとする「引力」は、常に働いています。そして、どんなに株式市場が間違いを犯しても、いつか必ずその間違いは修正されるのです。

私は、その弱いけれど確実な力を信じて、株式市場に参加しています。

私が株式市場についてこのように判断しているのは、26年以上にわたり株式市場を見つめ続けてきた経験によるものです。

株式市場では、ときにバカバカしいことが起こります。まったく実力の伴わない企業に目を疑うような株価がつき、さらにメディアでもてはやされる……といった光景を繰り返し見てきました。

バカバカしい騒動に乗ってしまった多くの投資家や企業経営者は、おそらく相当に痛い目に遭ってきたでしょうし、なかには深刻なダメージを負った人もいるでしょう。

その結果、株式市場に対して恐怖感を抱いている人もいるかもしれません。

しかし、そういったバカバカしい騒動は、いずれ必ず沈静化します。

大切なのは、そのような騒動に振り回されず、超然とした態度で株式市場と対峙することではないかと思います。

株価の動向を気にしても仕方ない

私は株式市場の見通しについて尋ねられることがありますが、実のところ、相場の動向はあまり気にしていません。

株式相場は、急落するときは急落しますし、長く低迷が続くこともあります。そういった株式市場全体の動向を気にし、「いつかまたリーマン・ショックのような危機がやってきたら……」と考えて心配する方も少なくないでしょう。

しかし、だからといって、それを恐れて投資をやめるのはもったいないと私は考えています。

長年、株式投資をしていれば、「危機」と呼ばれるような状況に直面することは避けられません。みなさんの記憶に最も強く残っているのは、やはり2008年に起きた、リーマン・ショックでしょう。

当時は、正直にいって、私も驚きました。危機の引き金を引いた人たちについて、それ以前から「胡散臭《うさん》そうだな」とは思っていましたが、蓋を開けたときの実際の胡散臭さが想像以上だったからです。

しかし考えようによっては、世界経済はあれほどの危機を経ても「この程度の状態で済んでいる」ともいえます。

もちろん、リーマン・ショックを乗り切ったからといって「今後も大丈夫だ」と断言できるわけではありませんが、身も蓋もない言い方をすれば、「怖がっていても仕方ない」と思うのです。

たとえ株価が一斉に下がるような局面があっても、長い目で見ればいずれ株価は戻る、というのが私の基本的な考えです。

5年でも10年でも待てる「信念」

先にご説明したように、私は「株式市場には、株価を正しい方向に向かわせて、本来あるべき適正な水準に戻す『引力』がある」と信じています。

この信念に基づき、私は「適正と考えられる株価よりも割安に放置されている銘柄を買い、適正水準になるのを5年でも10年でも待つ」という投資スタイルで運用に臨んできました。

このスタイルは、私がファンドマネジャーになってから現在まで、一貫しています。売買のタイミングは、いっさい考えません。実際に、10年以上保有し続けている銘柄もあります。

読者のみなさんの多くは、株式投資というのは売買のタイミングが重要だと考えているかもしれません。そういった投資スタイルも一つの流儀であり、タイミングを計って株を売買する手法を私も否定はしません。

しかし「割安かどうか」に注目して株式投資をするなら、タイミングについては考えるべきではないという結論にならざるを得ないのではないかと思います。

タイミングを考えないというのは、極端な話に聞こえるでしょうか？　しかし株価というのは、いつ、どのような理由で上昇するのか、予測することはできません。

「上げに不思議の上げあり。下げに不思議の下げなし」などといわれますが、実際、株価が下がるときには、それなりに納得できる理由がある一方で、株価が上がるときは「なぜ株価が上昇したのか」がよくわからないことも多いのです。

もちろん、「業績が改善した」とか「事業環境に追い風が吹いた」といったわかりやすい理由で株価が上がることもあります。

しかし現実には、本当に何がきっかけだったのか判然としないこともめずらしくありません。

割安に放置されていた銘柄が、ある日突然適正な株価水準に戻ることもよく起こります。誰かが何かを勘違いして大きく買っただけかもしれませんが、このようなケースは分析のしようもありません。

こうした予測不可能性を前提に割安株に投資をするなら、「株価がさらに大きく下がらなければいい。いずれ適正な株価に戻ったら売る。いつ株価が戻るのかも、株価上昇の理由も問わない」というスタンスが最も合理的と考えています。


ちなみに一つ補足するなら、割安株に投資した場合、もし「すぐに株価が戻りそう」と思えるようなら、それは「何かがおかしいのでは？」と考えるべきでしょう。

今にも株価が上がりそうなのに割安のままに見えるということは、株価を引き下げている理由にあなたが気づいていないだけで、実際には割安とはいえない可能性が高いと考えられるからです。

結局のところ、割安株に投資をするのであれば、「いつ来るかわからない株価上昇を待って、ひたすら我慢する」という投資スタイルのほうが矛盾が少ないと思うのです。


本章では私が株式市場をどのようなものととらえているか、ファンドマネジャーとしての基本的なスタンスをご説明してきました。

次章では、私の投資哲学、それに基づく株式投資の具体的な手法について、より詳細に解説していきたいと思います。

第2章

誰にも開陳したことがない私の投資哲学

投資で考えるのは、「いつ」ではなく「いくら」か

株式投資をしている個人投資家のなかには、高値づかみをしては株価下落に反応して、株価の回復をあきらめて損切りをするというパターンを繰り返しがちな人もいます。

「株の売買のタイミングは、どう判断すればよいのか」

この本を手にとってくださった読者のみなさんのなかにも、こんな悩みを抱えている人がいるかもしれません。

しかし、第1章でも少し触れたように、私は株式投資においてタイミングを考えてはいません。重要なのは、「いつ」売買するかではなく、「いくら」で売買するかです。

ファンドを運用する際、私は投資対象になり得る企業をリストアップし、それぞれの銘柄について「適正な株価がいくらか」を考え、自分がつけた適正価格と実際の株価の乖離《かいり》率が高い銘柄、つまり、より割安度が大きいと考えられる銘柄から順に、機械的に買っていきます。

そして、株式市場の「引力」を信じつつ、適正な株価に戻るまでじっくり待つのです。

「割安度」を判断する指標とは

株式投資の世界で株の割安度を判断するためによく使われる指標といえば、「ＰＥＲ《ピーイーアール》(Price-Earnings Ratio／株価収益率)」と「ＰＢＲ《ピービーアール》(Price Book-value Ratio／株価純資産倍率)」です。

私の投資手法について詳しくご説明する前に、まずＰＥＲとＰＢＲが具体的に何を示している指標なのかを押さえておきましょう。

「PER(株価収益率)」とは

ＰＥＲというのは、株価が「１株当たりの当期純利益（ＥＰＳ《イーピーエス》／Earnings Per Share)」の何倍であるかを示す指標で、「株価÷１株当たり当期純利益」で計算します。

一般に、ＰＥＲの計算で使う当期純利益は、すでに終わった期の実績ではなく、今期の予想値です。これは、株価が予想に基づいて動く傾向があるためです。

たとえば、Ａ社の株価が５００円、Ａ社の１株当たりの当期純利益が10円と予想されている場合、PERは「500円÷10円＝50倍」となります。

原則としてPERが高ければ株価は「割高」であり、低ければ「割安」と判断します。

これは、第1章でご説明した「最終利益は株主に帰属する」ことを考えるとわかりやすいでしょう。

いま仮に、次の条件のもとで、あなたがB社、C社のどちらかを選んですべての株式を買うと考えてみてください。

①B社の発行済株式数は1万株、株価は1万円で、すべての株を1億円で買うことができます。一方、C社の発行済株式数は1万株、株価は3万円で、すべての株を3億円で買うことができます。

②B社の当期純利益は500万円、C社の当期純利益は1000万円です。

両社の成長性、安定性に差がないとして、B社とC社、あなたならどちらを買うでしょうか？

「最終利益は株主に帰属する」のですから、ある企業の株をすべて買えば、その企業の最終利益は原則として、すべてあなたのものです。

つまり、B社の株を1億円ですべて買った場合、「1億円÷当期純利益500万円＝20年」でもとが取れると考えられます。一方、C社の株を3億円ですべて買った場合、「3億円÷当期純利益1000万円＝30年」で、もとが取れる計算になりますね。

こうして見ると、B社のほうが「お買い得」、つまりB社のほうが割安だ、と判断できるでしょう。

PERは、この「当期純利益の何倍（何年分）でもとが取れるか」を計算したもので、一般には株価と1株当たりの当期純利益から計算します。

たとえばB社の株価は1万円、1株当たりの当期純利益は500円（500万円÷1万株＝500円）なので、PERは「1万円÷500円＝20倍」となります。同様に、

C社の株価は3万円、1株当たりの当期純利益は1000円（1000万円÷1万株＝1000円）なので、PERは「3万円÷1000円＝30倍」となるわけです。

ちなみに、ご存じの方も多いと思いますが「株価×発行済株式数」のことを「時価総額」と呼びます。時価総額は、企業価値を表す指標の一つです。PERは「時価総額÷当期純利益」で計算することもできます。

「PBR（株価純資産倍率）」とは

PBRというのは、株価が1株当たりの純資産の何倍であるかを示す指標で、「株価÷1株当たり純資産」で計算します。

仮に企業が解散した場合、純資産は株主のものになります。つまりPBRというのは、株価が「企業が解散したときに受け取れる金額」の何倍になっているかを表しているといえます。

一般に、PBRが1を下回ると、その銘柄は「割安」だといわれます。これは、「1

株当たりの純資産よりも株価が低いということは、仮にいま企業が解散した場合、買った金額よりも高いお金を受け取れるのだからお得だ」と考えられるわけです。

PBRではなくPERを重視する理由

PERとPBRについてご紹介しましたが、私自身は投資の際にPBRをあまり重視していません。重要指標としているのは、PERです。

これは、企業が将来にわたり上げていく利益こそ、投資家にとっての企業の価値だと考えているからです。

PBRについては、「解散価値」というものにどれほどのリアリティがあるのか疑問があります。実際に企業が解散する事態はまれだからです。

もちろん、本来は企業の純資産は株主に帰属するものであり、株主にとっての企業価値を考えるうえで、理論上は純資産も重要です。

私見を述べれば、企業はビジネスのリスクに応じたお金を確保したら、残りはすべて株主に返すのが正しい経営のあり方ではないかと思っています。

しかし、現実に純資産が株主のものとして適切に扱われているかといえば、残念ながらそうはなっていません。多くの企業は、本来株主に返すべきお金をため込んで、「内部留保」を増やしているわけです。

こうした現状をふまえると、純資産をもとに株価の割安度を考えることは、株式投資をしていくうえで、やや有効性が低いと考えています。

また実際のところ、PBRに注目して株価を評価しても、勝ちにくいという問題もあります。乱暴にいえば、純資産の数字と株価を見比べるだけですから、プロが手腕を発揮できる余地があまり大きくないのです。

一方、PERを重視する投資スタイルは、企業の今期利益を予想し、さらにその先の成長について考えていくわけですから、勝負の行方は、運用者の手腕によるところが大きいといえるでしょう。

個人的には、PERを重視するほうが、よりおもしろく楽しみのある投資ができるとも思っています。

「買っていい」と判断するPERの水準は?

私は大学を卒業して社会人になってから、ずっと企業評価や運用の世界で生きてきました。この間、PERを重視するというスタンスは一貫しています。

もっとも、大和総研に入った91年当時は、PERの水準があまりに高すぎることに疑問を感じており、

「ずいぶん変な世界に入ってしまったな」

などと思っていました。当時、PERが低いといわれる銘柄でも50倍、100倍は当たり前だったのです。

私は、日本の株式市場に参加している人たちが、そろいもそろってとても適正とはいえない価格で株を売買していた当時の状況を、やはり異常だったと思っています。

バブル期の株価を引き合いに出し、「まだ当時の水準に戻っていない」などと現状をネガティブにとらえる人もいますが、あの時代の株価水準をまともな比較対象ととらえる向きには違和感を覚えます。

私が「株式市場がまともになってきた」と感じたのは、98年のアジア通貨危機以降のことです。それまでは見たことがなかった、PERが1桁の銘柄も出現し、それ以降は「買っていい」と思える銘柄もたくさん出てきました。

さて、ここまでお読みになった読者のみなさんがいま最も知りたいのは、「PERが何倍なら割安と判断していいのか」でしょう。

あらかじめ申し上げておくと、残念ながら「PERが○倍以下なら絶対に割安」という基準はありません。

利益が今後大きく伸びていくと考えられる場合、PERが多少高くても「十分に割安」といえることもあります。

また、成長性ばかりに目を向けるのではなく、業績が落ち込むリスクにも注意しなくてはなりません。短期的に急成長していても、業績が落ち込むリスクが高いと考えられる場合、高いPERを許容することはできません。

結局のところ、適正な株価水準は、企業の成長性や安定性を1社ずつ見ながら考えていく必要があるのです。


以上の前提に立ったうえでの話ですが、おおまかな「目安」はあります。

企業の成長率や成長が見込める期間、成長の確度を総合的に判断して、私が独自に算出している企業の「基準株価」は、今期予想純利益の15倍程度が目安となります。

15倍というのは、「高成長企業ではないものの伸びしろはあり、さほど大きなリスクがない安定成長銘柄」の場合です。かなり堅調な成長が見込める場合なら10倍台後半程度で計算することもありますが、通常は高くても20倍程度までです。

一方、「あまり伸びしろはないものの、日本経済全体なりの業績を上げそうな銘柄」となると、目安は10倍程度まで下がります。

もちろん、ときには成長性が非常に高い企業に出合うこともあります。そのような「例外的な高成長企業」の場合、50倍程度で計算することもあり得ます。この50倍というのは、私の基準では上限ぎりぎりの数値です。

投資先候補となる企業については、こういったイメージで「基準株価」を算出しておきます。そして実際の株価と比較し、基準株価との乖離率が高く、より割安度の高い銘柄ほど、投資の優先度を高めるわけです。

もちろん、「基準株価」は一度算出すればOKというものではなく、四半期ごとのタイミングで企業の業績などを見ながら必要に応じて調整していきます。大きな変化があったときや、小さな変化の積み重ねの結果として居心地の悪さを感じるようになったときは、基準株価を見直すのです。

基準株価から考えて、割安度が高いものに優先的に投資していくわけですから、実際に私が運用するファンドで株を買うときは、算出した基準株価よりも安いところで仕込むことになります。

あとは、企業を継続的にウオッチしつつ、割安さの「引力」が働くのをじっと待ち、いざ株価が上昇したら売却する、というのが基本的な投資戦略となります。

なお、一般にはPERから株価水準が割安かどうかを判断する場合、同業他社のPE

Rと比較したり、過去のPERの水準と比べたりするとよいといわれます。読者のみなさんも、株式投資のノウハウを紹介する書籍などで「同業他社との比較」や「過去のPER水準との比較」について目にしたことがあるかもしれません。

しかし、私のPERの目安の考え方は、業種を問わず変わりません。

また、私は過去のPERの水準から割安かどうかを判断することもありません。

なぜかといえば、私は基本的に「株価は間違い続けている」という前提で臨んでいるからです。すべての株価を疑っているからこそ、本来あるべき株価を計算し、比較してみるということをずっと続けているともいえます。

そもそもの株価が間違っていると考えれば、その「間違っている株価」から計算したPERで、あれこれ比較して割安かどうかを検討する意味はないと思うのです。

業績予想はせいぜい1年先まで

企業ごとに適正な株価を考える場合、5期、あるいは10期といったような長期の予想利益の数字を持ち出すのは、あまり好ましくないと思っています。

5年先、10年先ともなれば、経営状況に何かしら変化が起きるのが自然ですし、それをすべて予想するのは不可能でしょう。予想利益を数字で語れるのは、せいぜい1年先までがいいところだというのが私の考えです。

これは言い換えれば、予想EPS（1株当たり当期純利益）に織り込むのは、明確な根拠のある世界にとどめるべきで、その先の根拠の薄い話はすべてPERで引き受けるべきだ、ということです。

PERを何倍として基準株価を決めるかというのは、おそらくみなさんが想像する以上にフワフワとした確たる拠り所のない世界の話で、最終的には鉛筆をなめながら「えいや」と決めることになります。

もちろん「えいや」に至るまでには、情報の収集・分析のほか、さまざまなトレーニングや、実際に株式投資をしてきた経験の裏づけがあります。

たとえば私は若い頃、同僚や先輩のアナリストが書いたレポートを読む際、株価を隠しておいて「この企業の株価はいくらか」を自分で考えてみるというトレーニングをしていました。

自分が考えた株価とズレがあれば、その理由はどこにあるのか、自分が間違っているのか、株式市場が間違っているのかをあれこれ考えるということを繰り返すうちに、株価が割高になったり割安になったりするのがどのような場面かということを、少しずつ身につけてきたように思います。

「安定成長銘柄であれば、PER15倍程度が目安」といったことも、こうしたトレーニングや投資の経験に基づいた実感です。

理論的に正しいと断言はできませんが、過去の私の運用実績がまずまず良好であることから、ご紹介したようなPERの水準については参考にしていただいてよいのではと思っています。

主戦場は「中小型株投資」

私が運用するファンドが主な投資対象としているのは、いわゆる「中小型株」です。

「大型株」「中型株」「小型株」というのは、発行済株式数や時価総額（株価×発行済株式数）などで株式を分類した呼び方です。

明確な定義があるわけではありませんが、東京証券取引所では時価総額が大きく流動性が高い（売買が十分にある）100銘柄をピックアップして「大型株」とし、次の400銘柄を「中型株」、残るすべての銘柄を「小型株」としています。

おそらく、みなさんがよく名前を聞くような大企業は、多くが「大型株」に分類されているはずです。

私が運用している「ニッポン中小型株ファンド」では、東証の分類にはよらず、時価総額1000億円程度までの銘柄を投資対象としています。

一般に、中小型株は発行済株式数が大型株より少なく、相対的に流動性が低い傾向があります。

売買が少なめということは、ちょっとでも市場で注目が集まると、大きく値上がりしたり値下がりしたりしやすいということです。

つまり、中小型株はいったん動き出すと値動きが大きく、儲けが大きくなりやすい反面、損失も大きくなりやすいのが特徴といえます。

また、中小型株は、大型株に比べて情報量が少ないという特徴もあります。誰もが知っている企業は多くのアナリストが調査してレポートを出すものですし、メディアで取り上げられる機会もたくさんあります。

一方、中小型株は注目している人が少なく、情報も出てきにくいのです。

私が中小型株のファンドマネジャーになったのは、有り体にいえば「行きがかり上」ということになります。

大和総研で中小型株の部署に異動して企業調査をするようになったのですが、それが非常におもしろかったので、転職してからも中小型株のファンドマネジャーになりました。

中小型株投資で対象となるのは、一般的には「中堅企業」と呼ばれる規模の会社です。こうした会社のおもしろさはたくさんありますが、まず挙げられるのは「企業の全体像が見えやすい」ということでしょう。

大企業はいくつもの事業部門があるのが一般的で、国内から海外まで幅広くビジネスを手がけているケースも多く、巨大な組織の全体像を把握するのはなかなか手間がかかります。

結局のところ何で儲けているのか、儲けている事業の見通しはどうなのかといったことも、複数の事業が絡み合っていたりするので、整理して理解するのは簡単とはいえません。

この点、中堅企業は全体像が把握しやすく、「伸びている事業は何か」「その要因は何か」といったことも明確なことが多いといえます。

端的にいえば、「一つの事象が株価に与える影響が大きい」ので、一つのビジネスの成長がストレートに業績に結びつきやすく、株価上昇にもつながりやすいのです。

おそらく、読者のみなさんのなかには「投資するなら、みんなが名前を知っている企業のほうが安心」と考える人も多いのではないかと思います。

名前を知られていない企業、値動きの大きな銘柄への投資を「怖い」と思う人もいるでしょう。

しかし私は、大型株投資よりも中小型株投資のほうがシンプルであり、「勝ちやすい」のではないかと考えています。

なぜ中小型株が勝ちやすいのか

また、中小型株は「ただ知られていないだけ」で、株価が割安なまま放置されているケースもたくさんあります。こうした企業に投資できれば、あとは多くの人が「あの企業は儲かっている」と気づいて株価が上がるのを待てばいいのです。

投資で勝ち続けることを目指すうえで、こうした投資対象がたくさんあるというのは「プロとしてやりやすい」と思っています。

他方、大型株の場合は常に多くの人から注目されていますから、もし株価が割安になっていたら、それは株式市場に参加している人の総意として、その企業の評価が低いのだといえます。

もちろん市場参加者がそろいもそろって間違っているという可能性もあるので、勝つチャンスはあるでしょう。

それでも、中小型株の「知られていないだけのお宝銘柄」のようなケースがないぶん、勝ち続けるのは難しいと考えられます。

中小型株は「誤解されているだけ」で株価が割安になっているケースもあります。その誤解というのも、単に特定の業種に対する思い込みなどから生じているものが多いのです。

たとえば、株式投資の世界では、専門商社というのはあまり魅力的な投資対象と考えられていません。その理由を突きつめると、「ほとんどの人が生活のなかで関わることがないため、存在が地味」というイメージのほか、「そもそもインターネットの普及などもあるのに、物を右から左に流すだけの仲介業者である商社の存在理由はないのでは？」という、いわゆる「商社不要論」があるようです。

しかし専門商社を個別に見ていくと、しっかりと存在価値を発揮している企業は少なくありません。たとえばメーカー顧客の仲介をする場合、品切れを起こさない、納期を守るといった基本的な要求にきめ細かく対応するノウハウを持つ商社の存在は非常に重要なのです。情報面でも、現実に売買を行っている商社に優位性があるケースは依然として多く見られます。

一社一社をつぶさに見て、経済活動のなかでどのような役割を担っているのかを理解していけば、「専門商社」などと十把《じっぱ》一絡《ひとから》げにして「商社なんていらないだろう」といった乱暴なことはとてもいえません。

世の中に価値を提供し、提供した価値に対するまっとうな利益を得ている会社であれば、それは適切に評価すべきでしょう。

実際、きちんと評価すれば株価が非常に割安で投資対象として魅力的な会社も多いのです。

中堅企業はとても健全でおもしろい

話が少々脱線しますが、私はこれまでの投資の経験から、日本企業は社員数百名程度の規模が、組織として最もパフォーマンスがいいのではないかと感じています。

日本人には、法律のような明文化された決まりより、「不文律《ふぶんりつ》」や「掟《おきて》」が機能しやすい国民性があるように思います。

「掟」のようなものは組織の外部にはなかなか説明しづらい面がありますが、いちいちルールをつくらなくても共通の「掟」にしたがって社員が動くわけですから、上手に使いこなせば、組織力を発揮するのに大いに役立つこともあるのです。

しかし、大企業ともなれば「不文律」や「掟」で組織を動かすのは難しくなります。コンプライアンスの観点からも、ルールを明文化することが求められるでしょう。

結果として、大企業はどうしても身動きがとれなくなりがちだといえます。

身も蓋もない言い方をすれば、大企業というのは図体が大きいぶん機動性に欠けるところがあり、一つのプロジェクトを進めるのにも余計な仕事が膨らみがちなのです。

ときどき、大企業からスカウトされて中堅企業のトップになった人が非常にイキイキと仕事をしているケースに遭遇しますが、これは中堅企業ならではのフットワークの軽さが効率アップにつながり、仕事のモチベーションが高まるからではないかと思います。

経営の健全性についても、中堅企業にはその規模ならではの強みがあります。それは、

あらゆる面でバランスを取りやすいということです

たとえば社員の評価一つとっても、大企業ではどうしてもきめ細かな対応が難しく、さほど有能ではない社員も含めて一律に給料を上げるといったことになりがちです。

その点、中堅企業では、優秀な人をより高く評価して厚遇するといった対応が取りやすいといえます。

また、こういったことが「制度」ではなく、経営者のさじ加減一つでコントロールできることも、柔軟にバランスが取れるという点ではメリットといえるでしょう。

また、今の日本には、世界中の大半の人が使うような商品やサービスで優位に立っている大企業は、自動車メーカーのほかはわずかしかありません。おそらく今後も、この状況は続くでしょう。

だからといって、悲観することもないのです。

中堅企業を一社一社、丁寧に調べていて実感するのは、この世の中には「市場規模が小さく、世界中で何百人、あるいは何千人だけがやっていればいいけれど、確実に必要

とされている ビジネス」が無数にあるということです。

具体例は第4章でご紹介しますが、そういったニッチなビジネスが日本経済や世界経済の支えになっていることに気づけば、中堅企業が果たしている役割の重さや、そのビジネスのおもしろさにも興味がわくのではないかと思います。

少なくとも私自身は、そのおもしろさに取り憑《つ》かれているといってもいいほどです。

AI銘柄は買いなのか

株式投資の世界では、特定の投資テーマに注目が集まり、関連する銘柄の株価が上昇したり、テーマ株投資を標榜する運用商品がつくられたりすることがよく起こります。

近年では「AI（人工知能）」や「フィンテック（ファイナンス・テクノロジー）」といったテーマが注目を集めたことをご存じの人も多いと思います。

私のスタンスをご説明すると、基本的に投資テーマには懐疑的です。

理由はいくつかありますが、一つは、投資テーマがものごとを単純化して理解しようとする態度につながるからです。

たとえば「ＡＩ関連銘柄」というくくりで有望銘柄を探そうとした場合、そのくくりから外れている魅力的な銘柄を見逃すことにもなりかねません。

また、そもそも「投資テーマ」とされるものが、本当に世の中に大きな変化をもたらすのかという点にも疑問があります。

現に今、「ＡＩ」がもてはやされていますが、実際に私たちの生活に大きな影響をもたらしてはいませんし、今後についても未知数といえるでしょう。

それなのに、投資テーマとしてＡＩが取り上げられるときは、ＡＩによってまったく生活が一新されることが確実であるかのような「誇張」が入っているように感じます。

加えて、「テーマ株」として注目された銘柄は、企業価値の過大評価が起こり、株価が実態と乖離して値上がりしやすいことも指摘しておきたいと思います。少なくとも、私のような割安株投資を行う投資家にとって、投資テーマは距離をおくべきものだといえるでしょう。

ちなみに、これだけAIがメディアで取り上げられて注目を集める昨今ですが、なぜAI化がもっとスピーディーに進まないのか、疑問に思っている人もいるのではないでしょうか。

AIというのは自分で学習していくという点に特徴があります。このときに必要なのが、AIが学習すべきデータベースです。

実は問題はこの点で、学習させるに足るデータベースを用意するというのは、簡単なことではないのです。

近年、クラウドソーシングの会社で募集されている仕事には、AIが学習すべきデータベースをつくるための作業が増えています。

たとえば、写真を見て「これは猫の顔か犬の顔か」を判断し、猫に○をつけていく仕事が1件10銭といった報酬で提供されているとイメージしてください。これは「人間は何をもって猫を猫だと認識しているのか」をAIに学習させるために、人間が実際に猫を認識したデータを集めるための作業です。猫を猫だとAIに判断させるような一見シンプルな課題でも、データベース集めが非常に大変であることが窺《うかが》えます。

「世の中にはさまざまなビッグデータがあり、ＡＩがそれを分析できる環境はすでに整っている」などという話を聞くこともあります。

しかし、これも少々誇張があるように思います。

実は、日本のネット企業の多くは個人情報保護の観点から、ある時期まで顧客の行動データをすべて捨ててしまっていました。「処分すれば漏洩《ろうえい》しないから」という理屈です。

このため、ほんの数年前まで消費者のネット上での行動といったデータすら保存しておらず、いざＡＩが盛り上がりを見せたとき、学習できるデータベースが非常に少ないという問題に直面することになってしまったのです。

また、実際にＡＩが学習するためのデータベースを作ろうとすればすぐ気づくことですが、世の中のほとんどのできごとは計測されておらず、きちんと計測しようとすると、次々に問題が噴出するものでもあります。

たとえば個人のリアルな行動を計測する場合を考えてみると、センサーはどこにつけるのか、電源はどこから取るのか、プライバシーの問題はどう処理するのかといった問題が出てくるでしょう。

リアルに解決しようとすれば、「センサーが剝《は》がれ落ちたことをどう定義してやるか」など、細々とした課題にも取り組まねばならないのです。

AIの活躍が期待できる分野は?

ＡＩが活躍するであろうと注目されている分野の一つは、翻訳でしょう。しかしこれも、一般にイメージされるほど簡単ではなさそうです。

ある翻訳会社の幹部と話をしたとき、私は、

「ＡＩが翻訳できるようになったら、大変ではありませんか?」

と尋ねました。しかしその会社では、ＡＩに翻訳の仕事を取って代わられるとは考えていないといいます。

理由はやはり、「学習させるデータベースの欠如」です。

翻訳会社の稼ぎ頭は専門分野の翻訳ですが、たとえばＡＩに薬の治験について翻訳さ

せたければ、学習のため治験に関する文章が大量に必要になります。

しかし、過去の翻訳データはどこかに集約されているわけではありません。厚生労働省や研究した製薬会社や病院など、関係者の間で共有されているのみです。それらを集積できなければ、ＡＩに正しい翻訳を学習させることはできないわけです。

ちなみに、ＡＩだけで翻訳可能になる可能性がある分野は、特許関連の文書だそうです。特許に関する文章は公開されてデータベース化されているうえ、もともと無機質な文章なので機械翻訳向きだからです。

こういうことは、クラウドソーシングの会社や翻訳会社など、さまざまな企業の経営陣と直接話をしているからこそ、わかることでもあります。

現場にはどのような課題があるのかをじっくり聞いていけば、少なくとも「ＡＩで世の中が変わる！」ということが今日明日にもすぐ起こるようなものではなく、さまざまな課題を乗り越える必要があることが理解できます。

こうして見ると、私のなかで「投資テーマ」に対する抑止力が働いているのは、さまざまな中堅企業の話を日々聞いていることも大きいように思います。細かく話を聞けば聞くほど、「テーマ」で大雑把に夢のような成長を語れるほど、現実が単純なものではないことがわかるからです。

世の中では、あらゆる場所で「非常に些細《ささい》だけれど、関係者にとっては決定的な問題」がしょっちゅう起こっています。そして、それを責任を持って処理している人が、どこかに存在しているのです。

それなら、大雑把な「テーマ」ではなく、現場レベルで問題を処理し、付加価値を生んでいる企業にこそ、注目すべきではないかと思うのです。

バリュー投資か、グロース投資か

一般に、業績や保有資産から会社の価値を考えたときに株価が割安といえるかどうかを投資の判断基準とする運用は、「バリュー投資」と呼ばれます。

これに対して、高い成長が期待できるかどうかに注目して投資の判断をする運用は、「グロース投資」と呼ばれます。

もっとも、バリュー投資とグロース投資というのは、きれいに切り分けられるものではありません。

バリュー投資であり、かつグロース投資でもあるといえる手法もありますし、理屈上は「バリュー投資でもグロース投資でもない」ものもあり得ます。

ファンドマネジャーなどプロの投資家が「グロース投資をしている」「バリュー投資をしている」と自称するのは、何を重視して運用しているか、大まかな方向性を示している程度と考えたほうがいいかもしれません。

以上を前提として、私自身が運用しているファンドはいわゆる「バリュー投資」を行っています。高い成長が期待できる企業に投資することはありますが、先にご説明した基準で「株価が割安」と判断できなければ買いません。

私がグロース投資を行わないのは、私にはグロース投資の世界があまりよく理解できないからです。

割安ではない株を「成長が期待できるから」という理由で買うということは、その企業の成長についてすでに多くの人が高く評価し、その結果として形成された高い株価に対して、さらに高い「成長への確信」を持って挑むことになります。

しかし、それほどの確信を持てる理由を見出せるケースは考えにくいと思います。

端的にいえば、グロース投資は「自分は他人より賢い」という前提に立っています。市場参加者が興味を持ち、注目し、企業価値以上に高い株価がついている銘柄を買うということは、「自分はより正しい判断ができる」と信じていることにほかなりません。

同様の説明をするなら、バリュー投資は、市場参加者が見落としていたり気づかなかったりして評価が低いままになっている企業について、他人の評価を無視して株を買うことです。

これは、言ってみれば、「他人は自分より馬鹿だ」という前提に立っているといえるでしょう。

私は自分のことをさほど利口な人間だとは思っていませんし、自分の馬鹿さ加減にあきれることもしょっちゅうですが、他人の間違いもわりあいよく見えるほうではないかと思っています。

そういう意味では、私にはグロース投資家の素質はなく、根っからのバリュー投資家なのかもしれません。

グロース投資について補足すると、かつて日本経済が大きく成長していた頃は、企業の業績についても成長するのが当たり前という空気がありました。

そのような状況のもと、無限に企業が成長可能だという前提に立てば、成長性の差に着目するというのは、一つの投資手法として有効だったのでしょう。

しかしバブル期のグロース投資の行き過ぎた結果が、「ＰＥＲが最低でも50倍」の異常な世界だったわけです。

そのような運用方法が、日本が低成長に入った今の時代にも通用するとはあまり思えないのが正直なところです。

第3章 「すごい会社」はこうして見つける

年間900回以上、企業面談を行う理由

私は年間900回以上、上場企業と面談を行っています。「私たちの会社に投資してほしい」と考える企業の経営者やIR（投資家向け広報）担当者と会って、経営状況などについて直接お話を聞くのです。

これまでに面談した企業は2800社以上で、上場企業の4分の3ほどと直接会ってお話ししている計算になります。会社面談の件数で私を上回る人は、ほかにいないのではないかと思っています。

なぜこれほど会社面談をするのかというと、一番の理由は「好きだから」です。

もともと私は経済への関心が高く、特に「世の中にはどんな企業があり、どうやって儲けているのか」ということに強い興味を持っていました。

1991年に大和総研に入社した際、経済全体を分析するエコノミストと、個別企業の調査・分析をするアナリストの仕事のどちらを希望するか聞かれたときは、迷わず、

「絶対にアナリストです」

と答えたことを覚えています。

大和総研では窯業《ようぎょう》、中小型株のアナリストを経験しました。そこで中堅企業の調査をする仕事のおもしろさに目覚めて「今後は中小型株しかやらない」と決め、大和住銀投信投資顧問に転職して中小型株のファンドマネジャーになったという経緯があります。

実のところ、学生時代は資産運用業界のことをまったく知りませんでしたから、こんなに多くの企業と直接会って話を聞ける仕事があるとは思ってもみませんでした。

私が「どんな企業があって、どうやって儲けているのか」を知りたいという欲求を持っているところに、「自分たちの会社がどう儲けているかを説明したい」という人が次々に訪ねてきてくれるわけですから、現在の環境は本当に幸せであり、恵まれていると思っています。

人はどうしても自分の身の回りのことにばかり目が向きがちなものですが、さまざまな企業の人たちと話をすることは、そんな自分の世界を広げてくれるおもしろさがあります。

アメリカや中国の富裕層がどんなふうにお金を使っているのかといった話から、渋谷109でのギャルの過ごし方、ケニアの女性のカツラ事情まで、日々の面談で聞く話は、本来なら自分の人生とは縁もゆかりもない人たちと触れ合えたような感覚をもたらしてくれるのです。

初めての企業との面談で何を聞くのか

年間で面談する900社のなかには、半期ごとに何度もお会いしている企業もあれば、初めてお会いする企業もあります。

初めてお会いする際、私が必ず最初に聞くのは、その企業の沿革です。

なぜ沿革を重視するのかというと、企業の今ある姿というのは絶対的なものではなく、「一時点の姿」でしかないからです。

その企業がなぜ今のような状況になっているのか、過去を解き明かすことは、企業の現在についての理解を深められるだけでなく、今後について予測する際にも必要な作業です。

つまり、企業というものは「現在形（今、こうである）」で理解するのではなく、「現在完了形（過去がこうだった結果、現在こうなっている）」や「現在進行形（過去の状況を受けて今はこの方向に向かっている）」で捉《とら》えることが重要だ、というわけです。

企業の沿革を聞けば、過去にさまざまな成功や失敗があり、それらが絡み合って今があるということがわかります。

そして、その成功や失敗がどのように現在の事業につながっているかをじっくり聞けば、その会社の基本的な考え方やスタンスをつかむヒントが得られます。

丁寧に聞くのは、その会社にとってターニングポイントになった出来事です。

たとえば、現在中核になっている事業を始めたきっかけや、あるいは撤退した事業があればなぜ撤退を決めたのか、あるいは失敗した事業についてまだ継続しているものがあるのかといったことです。

こういった沿革を知ると、

「チャンスと見れば、新事業にも躊躇《ちゅうちょ》なく参入する企業なんだな」

「たとえ失敗した事業でも、やめるのに時間がかかるんだな」

といったことが見えてくるわけです。

人間の性格が急には変わらないのと同様、企業の「性格」も、そう簡単に変わるものではありません。

ですから企業の性格を知ることは、たとえば事業環境の急変といったリスクシナリオを想定した場合に、その企業がどのような対応をとる可能性が高いかを推測する手助けとなります。


ただし、「失敗してもなかなか撤退できない会社のようだ」ということがわかったとして、それだけで会社に「○」や「×」をつけることはありません。

大事なのは、その会社が「これからやろうとしていること」や「起こりそうな外部環境要因の変化」と組み合わせて考えたとき、プラスになりそうかマイナスになりそうかを理解することです。

たとえば「なかなか撤退できない、あきらめの悪い会社」だとしても、中長期で腰を据えて挑戦していくことでしか軌道に乗せられないであろう事業を始めようとしているなら、結果的には企業の成長にとって「プラスになりそうだ」と判断する可能性もあるわけです。

一般の個人投資家の方が企業の沿革を知りたい場合は、有価証券報告書を読むといいでしょう。

その際、沿革が今後の事業とどうつながっているかに注目してみると、その会社のスタンスが垣間見えるかもしれません。

繰り返しますが、面談では原則として、沿革だけで企業の評価をすることはありません。

ただし、沿革についてヒアリングしているときに「この会社はあまり高く評価できないな」と思うことはあります。

かなり評価が下がるのは、過去の失敗談を語りたがらないケースです。過去に起きた失敗をなかったことにして都合のよいことしか話さないというのは、「失敗の経験がきちんと総括できておらず、今後の企業経営の方針に落とし込まれていないのではないか」と考えざるを得ません。

起きてしまったことを隠すのではなく事実として受け止め、どう反省したかを説明してくれたほうが評価は高くなるでしょう。

もちろん、ときには企業として恥ずかしい失敗、話しにくい失敗というものもありますから、そのような場合は手心を加えることも必要だと思っています。

しかし、原則として投資家との面談の場では事実を淡々と語るべきだと思います。

経営者との対話で何を見ているのか

経営者と面談する際に見ているポイントは、世間一般にいわれていることと大差ありません。

たとえば経営者としての視野の広さ、実直さや、周囲から愛される人であるかといったことで、特別なチェックポイントがあるわけではありません。

ただ一つ言えるのは、企業のステージによって、経営者に求めるものの水準が変わるということです。

たとえば伸び始めのベンチャー企業の場合、あるいは成熟した会社の場合、私は経営者のあら探しをすることはありません。

できたてのベンチャー企業は、多くは規模が小さくニッチなビジネスを手がけています。そういった領域でスピーディーに成長している場合、仮に社長が未熟で「一度くらいは痛い目を見そうだ」とか「今後の修業が必要そうだ」と感じても、マイナスの評価にはなりません。草創期にある企業なら、その程度のことには目をつぶる必要があります。

「そのビジネスを生み出した」というだけで評価できますから、経営者が未熟だからといってネガティブに捉えることはありません。

逆に、成熟した企業の場合は、「根っこが腐っていなければいい」と考えています。「ちょっと頭が固いな」「考えが古くておもしろみがないな」「ちょっと頼りないな」などと思うことはありますが、安定成長期にある成熟企業のトップであればそれでも大丈夫と考え、大きなマイナス評価にはしません。

一方、見る目が厳しくなるのは、ベンチャー企業でも競争の激しい領域で生き残りをかけた戦いが続いているケースなどです。

こうした企業は経営者の手腕が先行きを大きく左右すると考えられるため、どうしても要求レベルは高くなります。

一つ補足すると、私が実際に投資するのは「伸び始めのニッチなベンチャー企業」や「成熟した安定成長企業」のほうが多い傾向にあります。

これは、激戦区を才覚でもって生き残っている経営者というのは、一般に高く評価されがちで、株価が割高になることが多いというのが理由の一つです。

また、企業が個人の才覚に頼っていること自体がリスクになるという考えもあります。

どんなに経営手腕が優れていても、個人の才覚というものがずっと高いレベルで発揮し続けられるのか、疑問を感じてしまうからです。

「投資をして収益を上げやすい対象かどうか」という観点に立てば、「経営者が未熟でも、ニッチで競争が少ない領域でビジネスが立ち上がっていて、少なくとも当面の成長が期待できる」会社と、「競争が激しく誰が勝つか読みきれない領域でビジネスをしていて、そのなかでは少しだけ経営者の能力が上かもしれない」会社とでは、前者のほうが成功確率が高そうだと思います。

また、すでに枯れた業界であれば、そのなかでよいポジションを作り上げていて競合がなかなか追いつけない状況にある企業に対し、安定的な成長を期待して投資するというのは戦略として有効だと考えています。

いってしまえば、「伸び始めのニッチなベンチャー企業」と「成熟した安定成長企業」というのは、株価が割安であれば、目のつけどころとして〝おいしい〟のではないかと思うのです。

2回目以降の面談では、数字の「背景」を重視する

すでに上場企業の4分の3ほどは面談したことがあるわけですから、日々の企業面談は「2回目以降」のものが大半です。

一度お会いした企業とは、最短で半年に一度ほどの頻度で面談していますが、すべての企業にコンスタントに会い続けられているわけではありません。

面談の優先順位が高いのは、実際に投資している会社や、今後投資するかどうかボーダーライン上にある企業です。なかでも業績の変動が激しい会社は、面談の頻度が高くなる傾向にあります。

また、お話を聞いて勉強になる企業の方との面談は大切にしています。

少し話が脱線しますが、多くの企業は本決算が3月末で、四半期ごとに3月末、6月末、9月末、12月末と年4回の決算発表があります。

一斉に決算発表があった直後は面談のスケジュールが混み合ってしまうので、私を含めプロの投資家は面談する企業を選ばざるを得ません。

ですからIRの観点では、決算月を3月以外にすると、投資家に会う機会が得やすく

なると思います。

面談の際は、決算発表の説明資料をもとに前期の業績と今期の見通し、部門別の状況などを聞いていきます。

資料に書かれていることに加えて確認するのは、数字が特徴的なところです。

数字を見るといっても、やることは「加減乗除」で、特別なテクニックはありません。今期予想と前期実績の差を見て（引き算）、成長率を出し（割り算）、その伸び幅、または成長率が持続した場合の数字を見て（足し算、掛け算）、それが現実とどう違うのかを確認していくというのが基本です。

細かいテクニックに少し触れておくと、数字を見る際は「細かく切る」のがコツです。たとえば通期で増益であっても、半期ごとに見てみると上期の伸びが大きく、下期はさほど伸びていないというケースもあります。

この場合、「すでに成長が止まっている」と見るべきなのか、あるいは下期に先行投資をしたといった事情があるのかを確認する必要があるでしょう。

先行投資をしている場合は、その投資について詳しく聞き、方向性が正しいと思えばプラスに評価します。

部門別のデータを見ることも大切です。これもある意味では「細部をチェックする」ためのコツといえるでしょう。

特に業績が伸びている部門、あるいは今後大きな変化が起こる可能性のある部門については丁寧に見ていきます。

プロが「裏情報」を持っているわけではない

企業と面談して直接話を聞いていることから「プロはおいしい裏情報を持っているのではないか」と思われることがありますが、それは誤解です。

まず、インサイダー取引（会社関係者からその会社の株価に重要な影響を与える「重要事実」を教えられ、その重要事実が公表される前に株の売買を行うことなど）は、金融商品取引法で禁止されています。

ですから、企業との面談で「公表前の、株価に重要な影響を与えそうな情報」をもらって売買するなどということは「やってはいけないこと」です。

たとえば、ある会社の今期の業績がすでに公表されている予想から外れそうで、外部から見てまったく推測できない場合、会社はそれを示唆する情報を面談の場などで出してはなりませんし、私もそれを聞いてはいけないのです。

実際、面談の際にそのような「特別な情報」を得たことは一度もありません。

もっとも、何がインサイダー情報なのかということの基準は難しいといえます。私が企業と面談して聞く話のなかには、当然未公表のものもあります。

では、どこまでなら許されるのかということについてはさまざまな議論がありますが、「一発で投資の判断ができてしまう情報」がNGだと私は解釈しています。

私が面談で尋ねるのは、たとえば「その業界にいる人ならみんなが知っているけれど、私にはわからないこと」であったり、企業がわざわざ発表するような性質のものではない小さな話であったりします。

イメージとしては、大きなモザイク画を構成する小さなタイルを1枚ずつ集めているようなものです。

タイル1枚では何もわかりませんが、地道にたくさん集めていけば、おぼろげながら見えてくるものがあるわけです。

ちなみに、企業の情報公開に関しては近年、「非財務情報」という言葉がよく使われるようになりました。「財務情報以外の情報も、公表できるものは出していくべきだ」とする流れがあるのです。

しかし、私は企業が非財務情報をどんどん自主的に開示すべきだとは思っていません。というのも、外部の人が具体的にどのような情報を必要とするのか、そのニーズは千差万別だからです。

また、たとえば幹部社員の情報など、個人情報をどの程度オープンにするのかといったことも問題になります。

さらにいえば、実は必要とされていない情報まで、一定の形にまとめて公開するということになれば、会社の情報開示の業務負担をムダに増やすことにもなりかねません。

企業は、メディアの取材や企業調査をしている人との面談といった場で、質問を受けた場合に誠実に答えればよく、また企業が重要だと考える非財務情報については任意で決算説明資料やアニュアルレポート（年次事業報告書）に入れればよいというのが私の考えです。

自ら会社や工場を訪問するケースとは

企業との面談は経営者やIR担当者が当社に来訪するケースがほとんどですが、相手方が「取材したい場合は来てほしい」という場合は、会社を訪問して話を聞くこともあります。

こちらから訪問するのは負担が大きく、取材の集中シーズンには困難ですが、投資家のもとに出向いて情報開示をしていない企業から得られる情報は、それだけ稀少価値があるともいえます。

ですから、興味のある会社であれば、こちらから訪問して情報を得ることは十分に価値があるのです。

実際、会社訪問によって、隠れた魅力のある銘柄を見つけることも少なくありません。中小型株ならではの、地道な企業調査による情報量の違いで優位に立つという戦略が活きるわけです。

投資家向けに工場見学が企画されるケースもあり、工場にも年間10～15回ほど訪問しています。

当然のことですが、工場見学をしたからといって何か特別な「裏情報」が得られることはありません。しかしこういった「現場」は、話に聞くだけなのと、実際に目で見るのとでは、情報量に差がつくのも確かです。

たとえば工場に設置されている機械がどれくらいの大きさなのか、騒音や臭いなど、リアリティを持って体感しておくと、機械メーカーの人と話をするときの前提知識として役立ったりします。

また、「工場」と聞くと、機械がラインでつながっている様子をイメージする人が多いのではないかと思いますが、実際に工場が稼働している様子を見ると、多くの工場で

は機械の周りを人が動いてつないでいることがわかります。すると、工場にロボットを導入し、無人化するといった話に対して、

「何でも自動化すればいいというものではないだろう」

と一歩引いて考えることができます。

さらに、自動化というとメリットばかりがイメージされがちですが、多くの工場を見ている経験から、「自動化すると小回りがきかなくなりそうだ」とか「かなりのコストがかかるだろう」といったデメリットが感覚的にわかるようになるのです。

情報源として新聞の優先順位が低いワケ

面談以外では、私の場合、プロ投資家向けのアナリストレポートやメールなどを主な情報源としています。

面談に多くの時間を割いていることもあり、こういった情報だけでも、とても読み切れないほどの量があります。

正直なところ、テレビ、新聞、雑誌、ネットなど、メディアからの情報収集は後回し

にしてしまいがちです。

しかし本来、メディアの情報は「世の中でどんなことがいわれているのか」「みんなが何を知っているのか」といったことを押さえておくため、目を通したほうがいいと思っています。

そこで問題になるのは、「限られた時間のなかで何を見るか」です。


多くの人は、株式投資をするなら日経新聞を読むことは欠かせない、と思っているのではないかと思います。

しかし、私のなかでの情報収集の優先順位では、新聞はかなり下位にあります。

そもそも新聞というものは、日々新しいネタを追いかけるメディアです。毎日掲載される記事は、どちらかというと現状を更新する情報を得るためのものであって、新しいものの見方がわかるようなものではありません。これは新聞の性質上、仕方のないことです。

時間のあるときに私が読むのは、雑誌です。特によく読むのは『週刊東洋経済』（東洋経済新報社)、『選択』(選択出版)、『FACTA』(ファクタ出版)の3誌です。

雑誌では、一つのテーマについてある程度まとまった記事が読めるので、日々の個別企業との面談だけではわからない政治や経済、社会の動きなど、マクロ観を持つことができます。

ときにはこうした情報から、企業にとってリスク要因となる世の中の動きに気づくこともあるのです。

読み込むなら、お勧めは『会社四季報』

私の情報収集法は面談とプロ向けのアナリストレポートが中心なので、「自分で株式投資をしたい」という人にはあまり参考にならないかもしれません。

では、個人投資家は何を見るべきかといえば、私のお勧めは東洋経済新報社の『会社四季報』です。

『会社四季報』は、上場企業の財務情報や業績予想など重要な情報を1冊にまとめたもので、年4回発行されています。

1社ずつ、業界担当記者が取材・分析した「業績予想・材料記事」は非常に詳しく書かれており、ときには後から読み返してびっくりするような記事もあるのです。

株式投資で『会社四季報』を活用するというと、財務データの見方を気にする人が多いかもしれません。

しかし、決算発表の数字で一瞬にして起こる株価の動きに乗ろうとするのではなく、長期で投資する企業を探すのであれば、財務データ以上に「企業の変化」を示す記事に目を向けるべきでしょう。

ですから、生きた読み方をするには、「前後の変化」をチェックするのがお勧めです。すべての企業の記事に目を通すのは無理なので、気になる銘柄をピックアップし、その企業について「業績予想・材料記事」を時系列で読み比べるのです。

『会社四季報』は個別企業の環境変化や業績の変化をいち早く察知して記事にしていることが多く、おおいに参考になると思います。

ケーススタディ①――100円ショップを展開するセリアへの投資

これまでのまとめとして、私が実際に投資してきた企業の実例を二つご紹介したいと思います。

一つめは、100円ショップを展開するセリア（証券コード2782）です。

セリアについては、2003年のIPO（新規上場）のときから面談を続けてきました。

当時の100円ショップ業界は、1位が「ザ・ダイソー」を展開する大創産業（非上場）、2位がキャンドゥで、セリアはまだ3位でした。

最初の面談では、創業者である河合宏光社長と、その娘婿で常務だった河合映治氏（現社長）にお会いした記憶があります。

そのときは、お話から真面目に事業に取り組んでいることは窺《うかが》えたものの、業界3番手の会社であり、目立った特徴はないという印象でした。

ユニークな話が出てきたのはその翌年、2004年の面談のときです。河合社長が、「POSシステムを導入する」というのです。

POS（point of sales）システムというのは、商品の販売と同時に単品ごとに商品名や数量などの情報を把握し、売り上げや在庫を管理するためのシステムです。

コンビニやスーパーなど小売業の多くで導入されていますが、100円ショップで導入されたケースはそれまでありませんでした。

というのも、100円ショップは全商品が100円なので、レジでは商品の数を数えるだけで処理したほうがラクだからです。

それでもあえてPOSを入れる意味は、リアルタイムでどの商品が何個売れたかを把握できるという点にありました。

しかし、POSシステムの導入には、当然ながらコストがかかるというデメリットがありますし、POSを導入して業績にどんな変化が現れるのか、当時は未知数であったと思います。

少なくとも、業界1位、2位の会社がPOSを入れていなかったわけですから、そこにメリットがあると考える人は少なかったのではないでしょうか。

しかし2004年にPOSを導入すると、ほどなくしてその効果が現れました。何が起きたのかというと、売れ筋商品の欠品がなくなったのです。

それまでの100円ショップは、「いつ何がどれくらい売れたか」のデータがないまま、非常にラフな商品管理のもとで経営されていました。

そのため、たとえよく売れる商品があっても、タイミングよく追加発注して店頭に並べるといったことができていなかったのです。

この点がPOSの導入で改善すると、売り上げがぐっと伸びました。利益も伸び、株価も上昇したのです。

しかし、その効果はそれ以上のものではなく、2007年頃には売り上げは再び伸び悩みとなりました。

ちょうど2006年頃から為替相場が円安に振れたため、商品の製造が中国頼みになっているなかで、利益率が低下した時期でもありました。

私がセリアに初めて投資したのは、2006年のことです。

当時は株価（その後の株式分割を考慮）が２００円台で、予想ＥＰＳ（1株当たりの当期純利益）が16円でしたから、ＰＥＲは15倍程度でした。

その後、ＥＰＳはいったん19円まで上がったものの、ＰＯＳ導入のさらなるメリットがなかなか出せず、さらには円安が進んで事業環境が悪化するなか、ＥＰＳも15円、10円と下がっていきました。

私もこの時期は基準株価を引き下げていましたが、それ以上に実際の株価は大きく下がりました。２００8年頃にはＰＥＲは4～5倍になっており、十分に割安になったため、私はさらに株を買い進めていきました。

当時はまさにリーマン・ショックの頃でしたから、株式市場参加者みんなが悲観的になり、多くの人が株というもの自体を信じられなくなっていた時期だったと思います。

河合常務（当時）と面談を繰り返すうちに、私はセリアで本当の意味の変化が起きていると感じていました。

セリアでは、ＰＯＳを「欠品をなくす」という守りのためだけに使うのではなく、Ｐ

OSデータを活用して店舗を変えようとし始めたのです。

一般にチェーン展開している小売店では、店舗の管理が現場頼みになりがちです。どの商品を入荷するか、品揃えを決め、店頭にどう並べるかを決めるのは現場の店長です。つまり、店長個人の力量によって店舗のレベルが決まってしまい、場合によっては現場の力量不足で、店舗が荒れがちになったりもするということです。

セリアはこれを大きく変えることに挑戦しました。POSデータに基づいて本部が店舗をコントロールすることで、店舗全体のレベルアップを図ろうという野望を抱いたのです。

最初にセリアが実施したのは、POSデータに基づいて分析した「売れ筋」の商品を本部主導で店舗に送り、それを本部の指示通りに並べる実験的な店舗をつくることでした。

すると、熟練の店長の判断で商品を入荷し、陳列していた店舗と比較して、本部主導の店舗のほうが明らかに売り上げがよいということがわかったのです。

このような差がついたのは、やはり現場任せでは、各店の個別事情で品揃えや陳列方法などにばらつきが出ることが避けられないからでしょう。

たとえば、100円ショップは季節ものの商品に強みがあります。

セリアで最も売り上げが伸びるのは2月上旬、バレンタインの季節です。女性たちがチョコレートやそれを包む包装紙、リボンなどをこぞって買っていくのです。

ところがこういった書き入れ時に店舗任せにしていると、「たまたま店長が忙しかった」といった理由で、売れ筋の商品が店頭にしっかり並ばないという事態をまねくこともあります。

その点、本部では前年のPOSデータから売れ筋商品や数が読めており、そういったデータから新商品がどれくらい売れそうなのかといったことも予測できているわけです。それなら、本部から「これだけ売りましょう」と決めて商品を送り込んだほうが商機を逃さずに済むというわけです。

こうしたPOSデータの活用による本部主導の店舗管理が順調に進みだしたのは、２００９年以降です。

その頃はリーマン・ショック後の円高がセリアの業績を後押しした面もありますが、それ以上に、店舗の実力が伸びてきたことが大きかったと思います。

たとえば、テナントに１００円ショップを入れる際、セリアに入ってほしいという大型ショッピングセンターが増えました。

以前なら真っ先に規模や知名度に勝るダイソーが候補に上がっていたはずですから、それだけセリアの店舗が評価されたということでしょう。

セリアの店舗は１００円ショップのなかでも集客力があるだけでなく、本部主導の店作りが奏功し、カラーコーディネートなどが行き届いた雰囲気のよさも兼ね備えていたと思います。

ＰＯＳデータを活用した結果、セリアの利益はびっくりするようなスピードで増えて

図2 セリア（2782）の株価とEPS

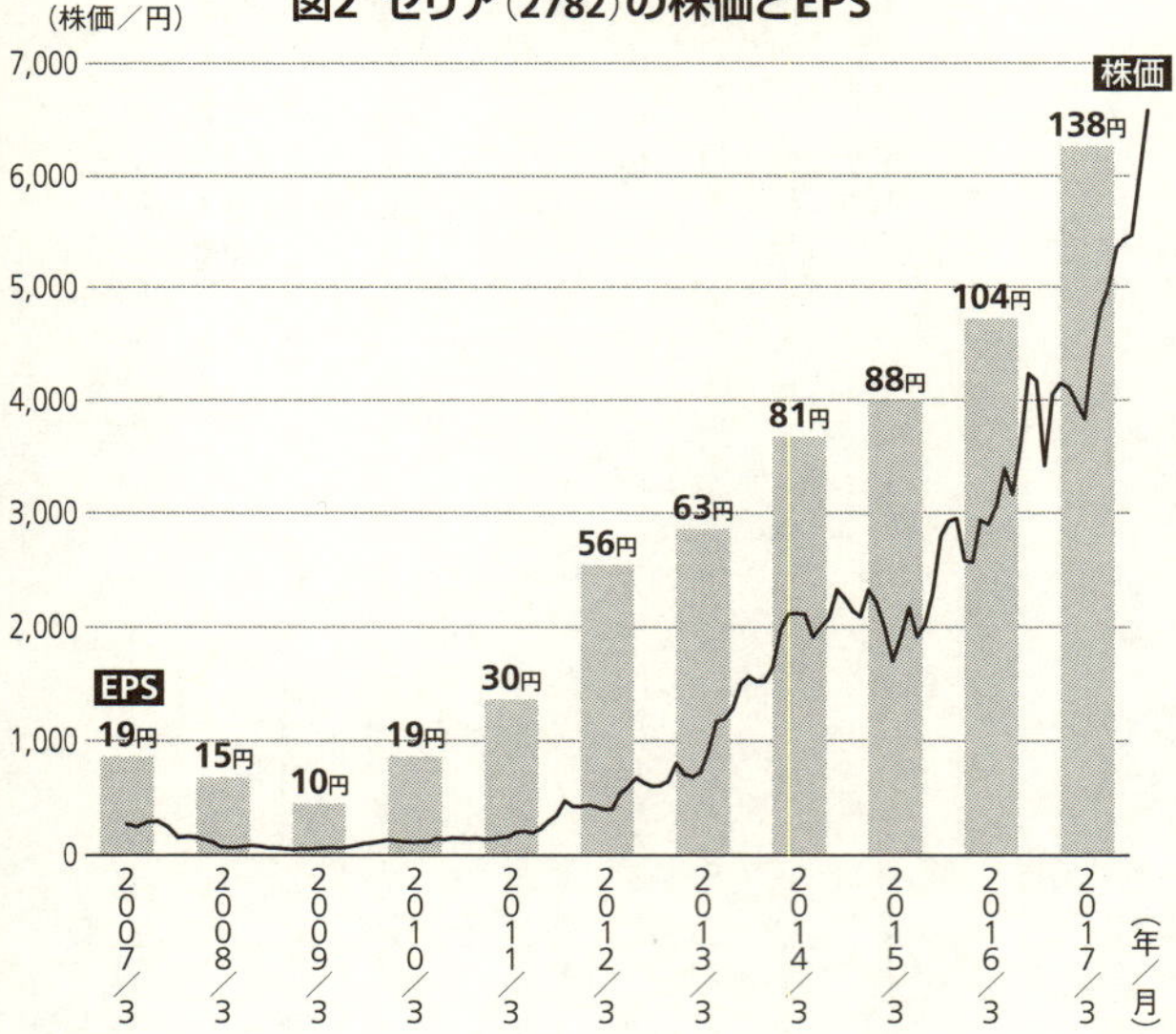

いきました。予想ＥＰＳは２００９年度に19円、２０１０年度に30円、２０１１年度は56円というように伸びていったのです。

　一方、株価は２００９年に約60円から１２０円へと上昇しましたが、２０１０年は１５０円前後で推移。株価が急伸し始めたのは２０１１年のことで、年初に約１６０円だった株価は年末には約４００円に、２０１２年末には約７００円に上昇しました。

　右肩上がりに利益が伸び始めてからも、株式市場で注目を集めるようになるまで間があったため、PERが15倍を超えるほどまでにはなかなか到達しませんでした。

私は2007年、2008年、2009年とセリア株を買い増ししていましたが、株価上昇に伴い、2009年末頃から少しずつ売却していきました。これは、私がリスク調整のために「一つの銘柄が運用資産の5%を超えた場合、超えた分は売却する」というルールを設けているためで、株価が上昇するたびに、ルールに従って売却を続けていったからです。

最終的には、2012年に株価が急上昇してPERが15倍ほどになったところで、セリア株はすべて売却しました。

当時はそれ以上のPERを許容するほどにはセリアを評価していなかったのと、より割安な銘柄が多くあったため、「割安な順に機械的に買う」という自分のルールに従ったのです。

ではその後セリア株がどうなったかというと、業績はさらに信じがたいほどに伸びていきました。株価も上昇し、2017年8月末には6000円を超えました。

つまり、私は株価がどん底になるまで買い下がり、「どん底」の10倍まで上昇したところで売り切りました。しかし、私が売り切ったあと、セリア株は「どん底」から100倍にまで上がったわけです。いわば、株価が100倍になる過程の前半戦だけ参戦していた恰好です。

このような経緯と株価チャートを見て、「もっと保有し続けてもよかったのではないか」と感じる人もいるでしょう。

しかし、チャートを見て、あとから「ああすればよかった」「こうすればよかった」と考えることに意味はありません。

株価の天井で確実に売り抜けることなど、できるはずがないのです。

自分が決めた売買のルールを疑い始めればきりがありませんから、私はルールに従って売るべきときが来たら売却します。

実際のところ、ほかの銘柄では私が売り切ったあとに株価が下がったケースも多いことを申し添えておきたいと思います。

ケーススタディ②──学習塾を展開するステップへの投資

二つめは、神奈川県で学習塾を展開するステップ（証券コード9795）です。

学習塾は、中小型サービス業という位置づけで、大和総研時代から調査を担当している業種です。ステップとのおつき合いは、かれこれ20年ほどになります。

かつては学習塾を運営する会社が上場できるとは考えられていませんでしたが、1985年に学究社が上場して以降、少しずつ株式市場の認識が変わってきたように思います。

学習塾の経営において重要なのは、よい講師を置き、地域の進学校への合格者数で1位になって評判を高めることです。

実績を出せば優秀な子どもが集まります。授業の質を落とさず、継続的に合格者数1位になれれば優秀な子どもが集まり続け、ひとたびそのサイクルが回り出せば、安定した経営が可能になるわけです。

もう一つ、学習塾経営には重要なポイントがあります。それは、無理な成長を狙わないことです。学習塾の経営の失敗例として多いのは、地元を離れて遠隔地で展開するケースです。

学習塾は「人」のビジネスですから、何よりも優秀な講師を確保・育成することが重要です。ゆかりのある地域を離れて遠隔地で新たに学習塾を開こうとすれば、講師の確保・育成は簡単ではありません。

また、公立高校が強い地域もあれば私立高校が強い地域もありますし、受験制度も都道府県ごとに大きく異なります。すでにある地域で学習塾を成功させているからといって、簡単に全国展開していけるものではないのです。

こうして見ると、ステップには非常に安定感があります。

地盤は神奈川県の中西部で、県内の公立トップ高校への合格実績に定評があります。

過去を振り返ると、上位高校を1校ずつターゲットに定め、周辺の塾よりも高い合格実績を出せるよう、エース級の講師を置いていくことで、少しずつ「合格実績ナンバーワン」の高校を増やしてきました。

学習塾というのは、合格実績を出せばチラシにその数字を打ち出せますし、「あの塾がいいらしいよ」という評判はすぐに広がります。

時間は少々かかりますが、一度「地すべり」が起きれば、生徒が自然に集まるようになるのです。

一例を挙げると、地元トップ校である湘南高校に進学する中学生の5割以上をステップの出身者が占めています。

合格実績の背景にあるのは、やはり講師の質です。

学習塾のなかには学生のアルバイトが講師を務めるところもありますが、ステップでは講師は全員、正社員です。

新卒学生を採用し、じっくり育てています。講師の研修も丁寧で、経験の浅い講師がいきなり授業を持つようなこともありません。

ステップは、こうして神奈川県中西部で1校ずつ攻略し、20年にわたり徐々に「合格

図3 ステップ(9795)の株価とEPS

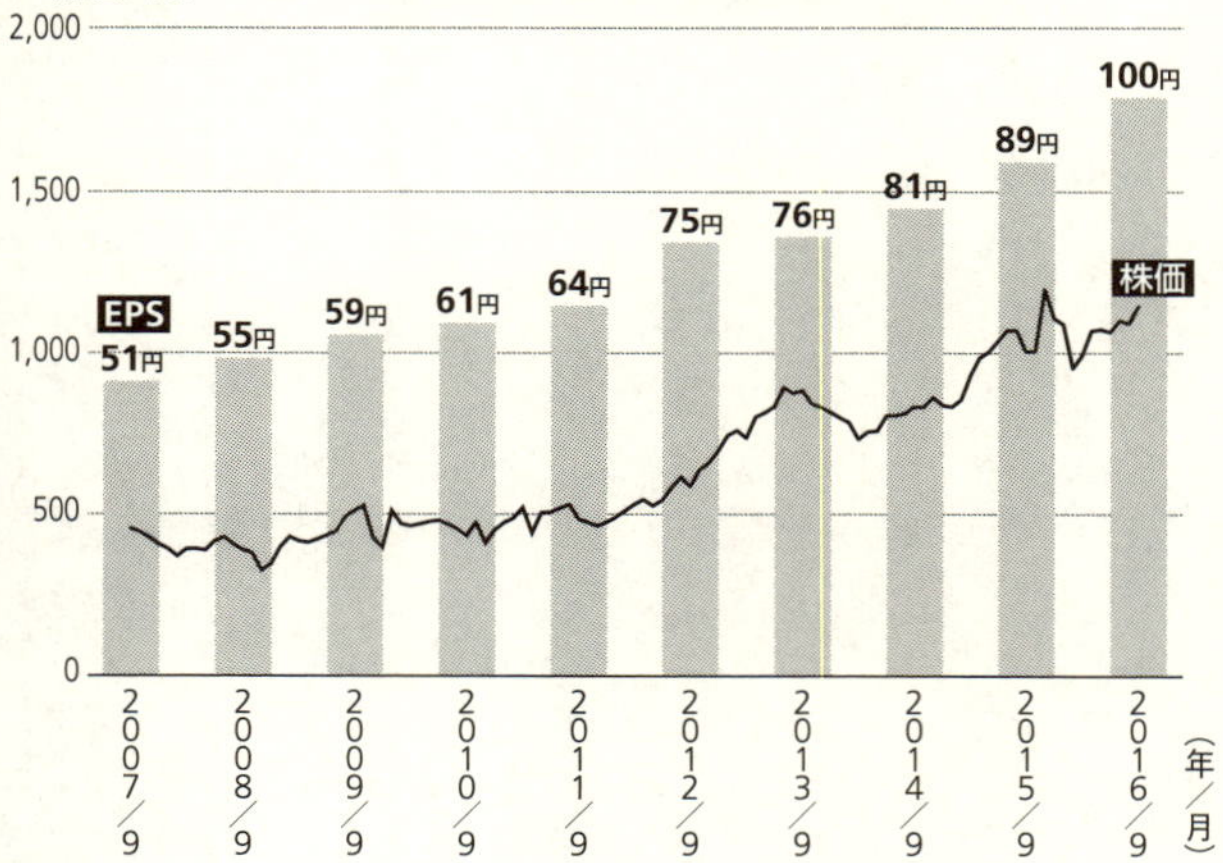

実績ナンバーワン」の高校を増やして成長してきました。

今では、神奈川県中西部の上位10校ほどは、ほとんどステップが合格実績ナンバーワンの地位を占めるまでになっています。エリアによっては、ステップに入りたいのに入塾テストで落ちてしまって、入れずにいる子どももいるほどです。

私がステップへの投資を始めたのは、2005年の終わり頃のことです。当時、EPSが43円、株価は約400円だったのでPERは10倍を切る水準でした。

以後、ステップは一度の減益もなく、堅

調に成長を続けています。

ＥＰＳは２０１６年９月には１００円、株価は約１２００円で、ＰＥＲの水準は10倍台前半です。

結局この間、２００７年、２０１３年に買い増ししたりもしながら、11年近くにわたりステップ株を保有し続けています。

とにかく「凡事徹底」というのが同社の経営の特徴で、私も信頼を寄せていますから、面談も毎年はしていません。業績がじわじわ上がり、それにともなって私の評価もじわじわ上がり、株価もじわじわ上がっているので、特に動く必要もないのです。

今後についても、急速な成長は期待していません。

学習塾には「少子化」という問題があり、業界全体で見れば、衰退していくことは間違いありません。そのような環境下で、売り上げが前年比10％以上伸びるといったことはまずないでしょう。

しかし一方で、「少子化が進んでいるのだから、学習塾なんてダメだ」とも私は思っていません。そもそも日本で人口が減っているのは子どもだけではなく、30代以下は数が減っており、そろそろ40代も減り始めようかというところです。「少子化」というキーワードだけで企業の先行きを語ることに、さほど意味はないと思っています。

この点でステップに関していえば、もともとすべての子どもを受け入れているわけではなく、塾に入れずに待機している子どももいるので、今のところ少子化の影響を不安視してはいません。

今は勝負を挑んできたエリアすべてで「合格実績ナンバーワン」になっている状態ですから、今後の成長は、これまでと同様、エリアを拡大していけるかどうかにかかっているのです。

第4章 中堅企業は こんなにおもしろい

数百人規模の企業が活躍するニッチな世界①――食品加工機械メーカー

中小型株のファンドマネジャーとして多くの企業と面談し、調査を重ねるなか、私はたくさんのおもしろい中堅企業と出合ってきました。

そのなかには、多くの人が見落としたり気づかなかったりしているだけで、投資対象として有望な企業も数多く存在します。

本章では、複数の業界や具体的な企業名を挙げながら、おもしろい企業を発見するための視点をご紹介していきたいと思います。

まず取り上げたいのは、食品加工機械メーカーです。第2章で「この世の中には、世界中で何百人、あるいは何千人だけがやっていればいいけれど、確実に必要とされているビジネスが無数にある」と指摘しましたが、食品加工機械メーカーはその代表例といえます。

もともと食品は、機械で扱うのにはあまり向いていないといえます。

少々乱暴な言い方になりますが、機械は本来「硬いものや重いものを少々手荒くてもいいからスピーディーに処理する」のが得意なものです。

そう考えると、食品は柔らかかったり、ベタベタしていたり、ふんわりさせる必要があったりして、機械で扱うには繊細すぎるのです。

しかし、そういった困難を乗り越えて独自に開発されてきた食品加工機械は少なくありません。そして、市場は小さくても一定の支持を得て、堅実にビジネスを成長させている企業も多いのです。

日本にユニークな食品加工機械メーカーが多いのは、日本ならではといえる背景があるように思います。日本人は味覚が繊細でかつ細かいことに凝る傾向があるので、食品加工機械も

「いったい、本当に消費者はこれほど高いレベルを求めているのか」

と思えるほど、こだわり抜いて開発されているのです。

たとえば、寿司ロボットメーカーの鈴茂器工《すずもきこう》（証券コード6405）。寿司ロボット

を手がける企業は、ほかにオーディオテクニカなど数社ありますが、競合は多くはありません。

おそらく、過去に寿司ロボットづくりに挑戦した人は数え切れないほどいたことでしょう。しかし寿司のシャリを握るには大変な繊細さが求められますから、機械で扱うのはなかなか大変です。数少ない生き残りのうちの一社が鈴茂器工というわけです。

同社はまず回転寿司店向けの寿司ロボットでブレイクしましたが、その後「第二次ブーム」がやってきます。海外の寿司ブームに乗り、寿司職人のいない現地の日本食店などにどんどん売れたのです。

さらに国内では、スーパーでも寿司ロボットの導入が進んでいます。弁当売り場などで販売されている寿司パックは、かつては業者に外注するケースが多かったのですが、より鮮度のよいものを提供しようという流れのなか、インストアでつくる店舗が増えていったのです。

今では、大きなスーパーならバックヤードに鈴茂器工や他メーカーの寿司ロボットが置いてあるのが当たり前の光景になっています。

もちろん、寿司ロボットが広がっていく過程では、日本メーカーならではのこだわりが盛り込まれていきました。

たとえば回転寿司店にしろスーパーのバックヤードにしろ、機械を入れるとなれば、サイズはできるだけ小さいことが求められます。客席は一つでも多く、商品を並べるスペースはすこしでも広くしたいのがお店のニーズだからです。

また、同社の寿司ロボットは上からご飯を入れるのですが、女性パートタイマーなどでもラクに作業できるようにするために、機械の高さをできるだけ抑えることも重要です。

こういった現場視点での細かい要求を一つひとつクリアしていく「泥臭さ」こそ、鈴茂器工の強みといえるでしょう。

次に、「日本的」な食品加工機械メーカーといえば、レオン自動機（証券コード6272）です。

同社は饅頭《まんじゅう》の餡《あん》を包む機械の製造から始まった企業で、ベタベタした生地を扱うのが得意です。饅頭のほか、パンやピザの生地、ハンバーグなどのタネを成形する機械を展開しており、饅頭でつちかった技術の転用が強みになっています。

細部へのこだわりにも相当なものがあります。

たとえばハンバーグを成形する機械では、外側は細挽き、内側は粗挽きにすることもできます。饅頭をつくるときに餡を包むのと似た工程ですが、このような成形によって外側はカリッとしながらも、切ったときには中から肉汁がジュワッと出るようになるのだそうです。

展開力という点では、製パン機の存在感が大きいといえます。コンビニ向けに商品を供給している大手製パン会社の案件が決まって大きく利益を伸ばしたり、アメリカでは成形したパン生地そのものをスーパーなどに供給するビジネスを展開したりしています。スーパーは店頭で同社のパン生地を焼いて販売するわけです。こうした海外事業は、今後成長する余地があるかもしれません。

よりニッチなところでは、焼肉無煙ロースター専業メーカーのＳＨＩＮＰＯ（証券コード5903）もユニークです。

同社はチェーンの焼肉店などに向けて無煙ロースターを提供する業界首位の企業で、6割強という高いシェアを持っています。

無煙ロースターは、肉を焼いたときの煙をいかにしっかり排出するかが肝要です。この点、機械そのものの性能で大きな差がつくわけではありません。実は、店舗に合わせた排煙のための設計が最大の差別化ポイントです。

一般に、焼肉店の無煙ロースターは、店舗内の全卓を1台のファンで排煙します。複数のファンを設置すると、高コストでシステムが複雑になり過ぎるからです。

1台のファンで排煙するためには、ダクト（空気を送る管）の設計が重要で、ファンから遠い卓でもきちんと排煙できるようにするにはさまざまな工夫がいるといいます。当然、店舗によって店の形も広さもバラバラですから、積み重ねてきたノウハウが強みになっているわけです。

こうして見ると、SHINPOは機械メーカーですが、実際の仕事はエンジニアリングに近いといえるかもしれません。

もう一つ、マルゼン（証券コード5982）もご紹介しておきたいと思います。

同社は飲食店用コンロをはじめとして、さまざまな業務用厨房機器を展開しています。先に挙げた3社とは異なり、この業界は競合企業も多く、1社だけが大きなシェアを握っているというような状況ではありません。

しかしマルゼンは、地道に現場のニーズを拾って、多様な厨房機器を生み出している点に強みがあります。

たとえば、同社がラインアップしている製品のなかには、ラーメンやスパゲティ、そば、うどんなどを自動で茹であげる「ゆで麺機」など、「そこまで機械化するのか」と驚かされるようなものもあるのです。

新しい業務用厨房機器をつくって市場開拓している会社は、同社に限らずたくさんあります。

これらのジャンルは、大手機械メーカーが手がけるには一つひとつの開発テーマが小さく、市場規模も限定的なので、中堅企業こそ強みを発揮できるともいえるでしょう。

ここでご紹介した企業をはじめ、力のある食品加工機械メーカーは、機械メーカーのなかでは相対的に業績の安定しているケースが多いといえます。

また、画期的な新製品を開発したときや海外展開がうまくいったときなどは、大きく成長することもあります。

繰り返しご説明しているように、投資対象としての魅力は株価水準しだいですが、注目してみると、おもしろい業界であることは間違いありません。

数百人規模の企業が活躍するニッチな世界②――ブライダル業界

中堅企業が活躍しているニッチな業界としてもう一つ取り上げたいのは、ブライダル業界です。

株式市場では、通常、ブライダル業界への評価はあまり高くありません。これはやはり「少子化」という言葉の強烈さによるものでしょう。市場全体では大きく伸びることが見込めないため、どうしても業界として見捨てられがちになるのです。

私がブライダル業界に注目してきたのは、これほどニーズの細分化で勝負してきた業界もなかなかないと思うからです。

結婚式というのは、人によって望む雰囲気や規模などが大きく異なるものです。

たとえばホテルで結婚式を挙げるとしても、外資系の高級シティホテルがいいという人がいれば、日本の伝統あるホテルがいいという人もいますし、テーマパークに隣接しているようなホテルを選ぶ人もいるでしょう。

また、一口に「シンプルでアットホームな結婚式がいい」といっても、その「シンプル」や「アットホーム」のニュアンスは、人によって大きく異なります。

そういった非常に多様で細分化しているニーズに対し、ブライダル業界は一つひとつを汲み取り、各社が独自路線を歩んできているといえます。

上場企業でいえば、老舗はワタベウェディング（証券コード４６９６）です。

昔は互助会直営の披露宴会場やホテルでの結婚式が一般的でしたが、もともと貸衣装が本業であったワタベウェディングは、海外での挙式という新しい結婚式の形を提案しました。

「海外での挙式なら身内だけ呼べばよく、新婚旅行とも一体化できるので実はお得」というアプローチで、海外に専用チャペルをつくるなどして、差別化を図ってきたわけです。

その後、レストランウェディングという形態が現れ、その次にやってきたのがハウスウェディングブームでした。アメリカの青春ドラマに出てくるような世界観のゲストハウスを借り切ってひらく結婚式です。

そのパイオニアであり一世を風靡《ふうび》したのが、テイクアンドギヴ・ニーズ（証券コード4331）です。

そして、テイクアンドギヴ・ニーズが急速な規模拡大を目指してハウスウェディング用の施設展開を進めるなか、より建築コストをかけた大型施設で、いわば「本物志向」のハウスウェディングを望む人をターゲットとして差別化を図ったのが、ツカダ・グローバルホールディング（証券コード2418）でした。

一方、ハウスウェディングを地域密着で展開したのはアイ・ケイ・ケイ（証券コード2198）。都心部のハウスウェディングは列席者が少ない傾向がありますが、地方では親類縁者のつながりの強さなどから、結婚式には多くの人を招くのが一般的です。同社はそういったニーズに合わせた展開や、愛知や高知など、結婚式により多くのお金をかける文化がある地域をターゲットにすることで成長しました。

同様に、中京圏で地域密着展開を行っているブラス（証券コード2424）も顧客とのコミュニケーションを綿密に行うことで満足度を高め、高い稼働率を実現しています。

このほか、「遠方からの列席者になるべく負担をかけたくない」というニーズに応え、東京駅などターミナル駅のそばにあるビルのなかに式場を展開したエスクリ（証券コード2196）も、一時は大きな注目を集めました。

同社が積極的な展開を図ったのが、リーマン・ショック後の不況期でビルのテナント料が安かった時期に重なったこともあり、急成長したのです。

　ざっと主な上場企業だけを見てきましたが、こうして各社の取り組みを確認すると、非常に幅広いニーズがあるなかで、それぞれが独自の強みを打ち出してきたことがおわかりいただけるでしょう。

　各社と面談してきた経験からは、それぞれの経営者のキャラクターが、各社のオリジナリティにつながっているように思います。

　イケイケのベンチャー経営者や、元リクルートでゼクシィの敏腕営業マンだった人など、バックグラウンドの多様性が、それぞれの経営に生かされているのが業界の多様性の背景にあるのかもしれません。

　ブライダル業界は、デフレ時代を必ずしも価格を下げることなく乗り切り、むしろ収益性を高めて成長を成し遂げた業界といえます。

　結婚式というものは通常、一生に何度も行うものではありませんから、「前回はよかった、今回はイマイチだった」というような、比較によってコストパフォーマンスを評価するのが難しいという特性があります。

そのため、「勝ちパターン」を見つけ、ユーザーから選ばれるだけのものを提供できる企業であれば、利幅を大きくできる面もあるのです。

ブライダル業は衰退産業のように見ている人が多いと思いますが、生き残っている企業のなかに高収益なビジネスを展開しているところがあることに気づけば、投資対象としての可能性も出てくるのではないかと思います。

ビジネスモデルで勝てる企業の条件①—インターネット業界

続いて、インターネット業界で「勝てるビジネスモデルを持っている企業」を見つけるヒントを考えていきたいと思います。

ネット業界には高成長企業がたくさんあり、若手経営者がメディアで一躍脚光を浴びるのを目にすることも少なくありません。

しかしその一方で、成長が止まって淘汰されていく企業が多いのもネット業界の特徴といえます。

では、栄枯盛衰の激しいネット業界で「勝ち組」であり続けるためには、何が必要なのでしょうか？

私は、一般消費者をユーザーとするネットサービスについては、「ユーザーを直接、自分たちのサービスに誘導できる仕組みがあるかどうか」を重視しています。

逆に、「ユーザーを自分たちのサービスに直接、誘導する仕組みがない企業」は、評価をかなり下げます。

これは端的にいえば、「グーグルに従属しているネットサービスは危ない」ということです。

「グーグル従属ビジネス」でいっとき業績を伸ばすネット企業は、それこそ雨後の筍《たけのこ》のように次々と登場しています。

ちなみに、ここで「グーグル」は象徴的なものとして取り上げていますが、もちろん「フェイスブック従属ビジネス」や「ツイッター従属ビジネス」をしているネット企業もあり、これらも評価を下げる対象になります。

「グーグル従属ビジネス」の例として、数年前に注目を集めた「成功報酬型求人情報サイト」を運営していた企業があります。

この企業のビジネスは、まずSEO（検索エンジン最適化）対策によって自社サイトのグーグル検索での表示順位を上げて、「アルバイト」などのキーワードで検索する層をサイトに誘導し、求人と求職者がマッチングした場合に、求人を出したほうから成功報酬を受け取るというものでした。

ところがグーグルがアルゴリズムを変更し、同社が行っていたSEO対策が効かなくなると、同社のサイトは検索結果の上位に表示されなくなりました。

当然、マッチング数は減少してしまい、サイト利用者数確保のためにテレビCMなどを打ったりしたことで、収益は大きく悪化したのです。

このように、「グーグル従属」のビジネスは、グーグルの施策一つで、一気に経営環境が変わってしまうリスクがあります。

何より、一海外企業の施策で日本中が振り回されるのが個人的には残念な気がします。

「グーグル従属」が多いなか、自前で直接ユーザーを獲得しているサービスとして私が注目しているのがファーストロジック（証券コード6037）です。

同社は個人不動産投資家向けの情報サイト「楽待《らくまち》」を運営している企業で、2015年に上場しました。

不動産情報は、新築マンションならリクルートが運営する「SUUMO（スーモ）」の一人勝ち状態ですし、賃貸住宅の入居者斡旋でも同サイトがかなりの存在感を持っています。

このような状況下で不動産情報のマッチングビジネスを手がけてきたファーストロジックは、ネットサービスでのマッチングが進んでおらず、ニッチながらも一定のニーズが見込めるカテゴリーに絞って注力してきたことに特徴があります。

同社が目をつけたのは、不動産投資の対象となる賃貸用物件の売買です。

賃貸用不動産を持っている大家さんがそれを売却したいと考えれば、地元でつき合いのある「街の不動産屋さん」に相談するのが一般的です。このため、従来は「街の不動産屋さん」の間を行き来して情報を集めるブローカーが介在して買い手を見つけるというのが一般的でした。

しかし、ブローカーからすれば、売り手と買い手を結びつけるのは、そう簡単ではありません。

そこで「楽待」の出番です。

「楽待」が登場したことで、ブローカーは広告費を出して、自分が持っている賃貸用中古物件の売り物情報を掲載するようになりました。そこに「賃貸用不動産を買いたい」「大家さんになりたい」という人がアクセスしてくれれば、買い手を探す手間が省け、スムーズにマッチングさせられるというわけです。

新築マンションや賃貸物件では当たり前に行われているサービスですが、賃貸用中古物件の売却に絞ったサービスはなく、その「すき間」を狙ったビジネスといえるでしょう。

ここで重要なのは、「賃貸用不動産を買いたい」と考えるサラリーマン大家さん予備軍のような層がきちんと「楽待」にアクセスしてくれるかどうか、ということです。

この点、ファーストロジックは、読み物を充実させたり、掲載物件数を増やすなどの地道な施策で集客力を少しずつ高めてきました。累計会員数は安定的に伸びており、約9万5000人にまで増加しています。

競合がいないわけではありませんが、物件数と会員数は競合を上回っており、「賃貸用不動産を探したい」というときに、会員がブックマークから直接サイトを訪問してくれる仕組みができ上がっているといえます。

もちろん、ユーザーを獲得できているので、広告を出稿するブローカーとしても、優先的に掲載を検討してくれるわけです。

同社のビジネスについてもう一つ補足すると、収益源が多様化できていることも評価ポイントといえます。

一般にネットサービス企業では、単なる広告収入ではない課金ビジネスができるかな

図4 ファーストロジック物件掲載数と会員数、PV数

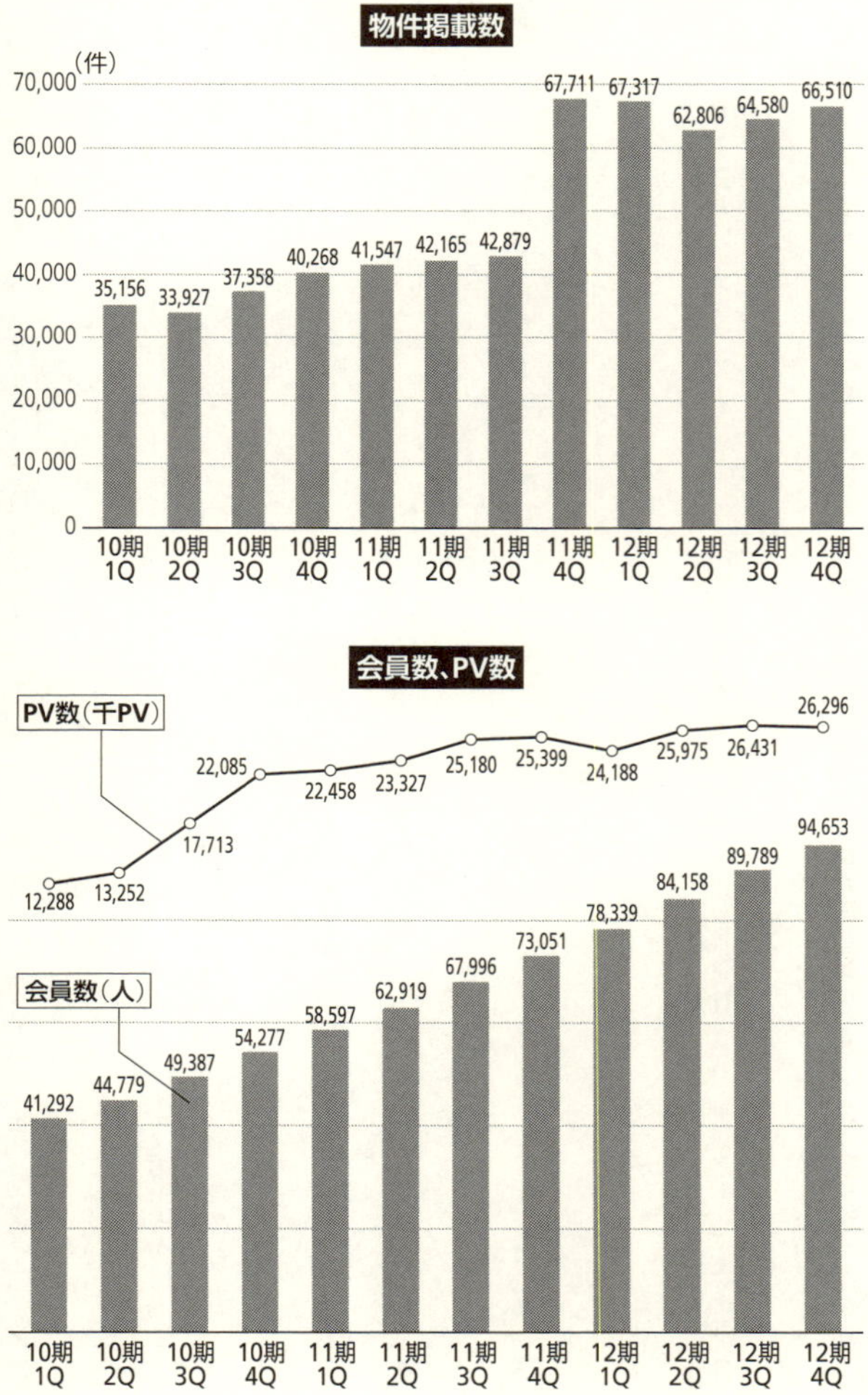

ど、収益源を複数つくっていける見込みがあるかどうかが、今後の成長を判断する際の重要な指標となります。

この点、ファーストロジックでは物件掲載料だけでなく、個別会員向けメールでの特別物件紹介や、売却希望者への業者紹介などでも収益を得ています。中古物件にリフォームはつきものですから、リフォーム会社の広告も掲載できます。

同社は会員の閲覧頻度向上を図るため、物件情報以外に投資関連の記事も充実させています。これらの記事は、ヤフーをはじめとするニュースサイトにも「楽待」のブランドつきで提供されており、自社サイトへの誘導や知名度向上に大きく寄与しています。記事提供を通じてヤフーとの関係も深まり、2015年からはヤフーファイナンスでの情報提供も開始されました。

従来、投資用不動産というのは、少々残念な販売の仕組みが横行していました。

みなさんも一度くらいは「投資用にワンルームマンションを買いませんか?」といっ

た電話営業を受けたことがあるのではないでしょうか。

しかし、このような営業電話をまともに相手にする人は少ないはずです。「低い成功確率×多い試行回数」というビジネスモデルは、営業をする人も受ける人にとっても不毛です。

ファーストロジックが提供するサービスは、少なくともこういった非効率な営業の一部を代替できています。

このように「残念な仕組みがまかり通っているときに、もう少しまともな仕組みが登場したら、それはいいものだ」というのが私の考えです。

ネットサービスはグーグルやヤフー、あるいはリクルートのような大手企業が、主要なサービスで一定のポジションを押さえています。このようななかで勝てるビジネスモデルをつくるとすれば、やはり「ニッチで大手が手がけていないものの、確実に一定のニーズが見込める小さなサービス」を立ち上げるのが成功につながる道の一つでしょう。うまくサービスを育てられれば、「楽待」がヤフーのコンテンツになったように、大手との提携などにより「勝ち組」になれる可能性は高いはずです。

ファーストロジックのように、ニッチなジャンルでネットサービスを展開し、他社が真似しにくいところまで育てて、一定の地位を築いた企業はほかにもあります。

たとえば「終活サービス」のサイトを運営する鎌倉新書（証券コード６１８４）です。同社の終活サービスでは葬儀、お墓、仏壇などを紹介しているのですが、圧倒的に売れ行きがいいのはお墓です。

終活というのはいずれ亡くなる本人がするものなので、事前に準備できるものとなると、お墓ということになるからです。

お墓は単価が高いので、仲介ビジネスとしてはうまみが大きいといえます。

ユーザーからすれば、お墓を探すときに検索して霊園などの情報が出てきてもなかなか選べないでしょうから、一つのメディアでまとめていろいろなお墓が紹介されていて、お墓の見学の予約まで入れられるというのは利便性が高いといえるでしょう。

今後も、こういった「ニッチなジャンルでサービスを成り立たせるネット企業」がどんどん出てくるのではないかと思います。

ただし、道のりは平坦ではないでしょう。

ネットサービス企業の場合、社長が自分でサイトを構築して営業をしているケースもあり、一人で動いている分にはつぶれることはありませんが、掲載する情報とユーザーという両輪を地道に集められなければ、ビジネスを伸ばすのが難しいのも確かです。

ですから花開くまで時間がかかるケースも多いといえます。

ビジネスモデルで勝てる企業の条件②――不動産業界

本章の最後に取り上げるのは、不動産業界です。

「勝てるビジネスモデルを持っている企業」について考える前に、そもそも今の不動産業界に対する私の見方をご説明しておきたいと思います。

不動産業界というのは、市況によっては、売買するだけで大きく儲けることも可能な業界といえます。近年は都心部などで不動産価格の上昇が続いていましたから、不動産業界では「我が世の春」を謳歌している人も多いのではないでしょうか。

反面で、市況下落時には、倒産や大幅な赤字のリスクも大きい事業です。2000年代半ばに上場した不動産業者の多くは、その後のリーマン・ショックで消えていきました。

したがって、売買や開発を主力事業とする不動産業者の株価評価は一般にあまり高くありません。もっとも、私は株価さえ安ければ、これらの企業は魅力ある投資対象と考えています。

何より、いま不動産業界で生き残っているのは、「一線を守り、やってはいけないことをしなかった人たち」だということを念頭に置いておくべきでしょう。

リーマン・ショック前には、不動産価格の値上がりを前提に収支をはじき、借り入れをして不動産開発をすることが横行していました。

このため、いざリーマン・ショックが起きたとき、テナントも決まっていない新築のビルは完全に「お手上げ」になってしまったわけです。

今、生き残っているのは、10年前にそういった無茶をしなかった人たちだけです。生き残った人たちがプロとしての相場観を持ってビジネスをし、きちんと利益を上げているのであれば、それに応じた評価をすべきだと私は思っています。

念のために申し添えると、不動産業界のなかでも、過剰供給で危なそうだと思って見ているセクターは、次の五つです。

①渋谷、大手町、丸の内以外で、賃料（坪単価）が4万円程度の巨大オフィスビル。
②圏央道、大阪湾岸沿いの大型倉庫。数が増えている一方で、需要のみならず、そこで働く人手の不足にも不安がある。
③都市圏から離れた賃貸アパート。
④ホテル。需要が増えている一方で、大阪御堂筋など一部地域では供給過剰のおそれがあり、そこで働く人手の不足も不安。

⑤タワーマンション。地震など災害のリスクが懸念材料。税制が変わることで従来活用されていた「タワマン節税」が使えなくなるといったリスクもあり。

しかし、「危ないな」と感じるのはこの五つの過熱気味なセクターだけです。これ以外のセクターは、どちらかといえば供給不足なので、悲観的に見る必要はないでしょう。

もっもと、単純な売買、開発ではなく、独自のビジネスモデルを有する企業をより高く評価しているのはいうまでもありません。以下では、「勝てるビジネスモデル」を持つ企業についてご説明していきたいと思います。

1社目は、スター・マイカ（証券コード3230）。同社が手がけているのは、ファミリー向け賃貸マンションの区分所有権の売買です。

ファミリー向けの賃貸マンションというのは、広さの割に賃料を高くできないのが一般的です。ワンルームマンションなどと比べると、賃貸物件としては「おいしくない」

ため、始めから賃貸用に建てられたファミリー向けマンションは多くありません。

実際に賃貸物件になっているものは、分譲がうまくいかなかった場合や、もともと家族で住んでいた持ち主の家族構成が変わって賃貸に出したケースなどが多いといいます。

このような背景から、ファミリー向け賃貸マンションは利回りを考えた場合に魅力が薄く、「借り主に出ていってもらってリフォームし、売ったほうがお得」という歪んだ構造になっているのです。

こうした状況を受け、「それでは賃貸中の物件をウチが買いましょう。ウチは借り主が退居するのを待って売ります」というビジネスを考えたのが、スター・マイカです。

これまでは、持ち主が「賃貸中の物件を売ってしまいたい」と考えた場合、大手不動産販売会社などを通じて買い主を探すくらいしか手がありませんでした。

しかし、大手不動産販売会社からしても、中古物件の売買は手間がかかるうえ、契約がまとまったとしても取れる仲介料はせいぜい数十万円ですから、さほど魅力的なビジネスとはいえません。各社とも、熱心に対応しているとは言い難い状況でした。

スター・マイカのビジネスモデルは、売り主からすれば、すぐに現金化できるのが助かりますし、スター・マイカのほうは賃貸中ということで相場より安く買うことができるので、売り主、買い主ともにメリットがあるビジネスといえます。

もっとも、このビジネスを成立させるには、二つの条件があります。

一つは、スター・マイカが物件を売却する時点で、きちんと利益を上げられるような価格設定ができるかどうかです。

たとえば、借り主が出ていくのを待つ間に、近隣に格安の新築物件ができてしまえば、想定した価格で売れなくなるかもしれません。ですから近隣の相場を知り尽くしたうえで、そういったリスクまで考慮して買い取り額を決める「目利き力」が問われるでしょう。

この点では、同社のファミリー向け賃貸マンション価格のデータベースが強みになります。

もう一つは、資金を準備できるかどうかです。買ってから売るまでタイムラグがありますから、寝かせておいてもいい相当の資金がなくてはなりません。もちろん、こうした新しいビジネスに対し、銀行は簡単には融資をしてくれません。

この点、スター・マイカは創業者が元外資系金融マンで、当初はファンド形式で外資系金融マン時代の取引先から資金を集めることに成功したのが大きかったといえます。

結局、このビジネスで成功して上場し、銀行から資金を借りられるようになったので、条件は無事にクリアしたといえます。


このビジネスは非常に地味ですが、待っていれば確実に儲かる仕組みになっています。ファミリー向け賃貸マンションの売買というのは、市場としてはさほど大きくありませんが、1社が専門に取り組むぶんには、市場規模もちょうどいいといえるでしょう。

また、近年はリフォームにも力を入れるなどの工夫もしています。

以前は借り主が退居したあとに顧客層を想定して事前にリフォームを済ませていましたが、売却する際に買い手側のオーダーでリフォームできるようにすることで、手間はかかっても利幅が大きくなるのです。

もう1社ご紹介するのは、サンセイランディック（証券コード3277）。同社が取り扱うのは、いわゆる「底地《そこち》」です。

底地というのは、土地を持っている人が貸し出して、地代収入を得ている土地のことをいいます。土地の借り主が家を建てて住んでいる場合、土地の所有者には「所有権」と「地代をもらう権利」はありますが、「自由に利用する権利」はありません。その土地を利用する権利（借地権）は、借り主が持つことになります。

底地は何十年にもわたって「貸しっぱなし」「借りっぱなし」になっているケースが非常に多く、一般に地代も高くありません。

第三者が買い取ったとしても、借り主が借地権を持っているため自由に活用できないことから、資産価値も低くなってしまっています。

一般的に、不動産会社が手を出すには非常に面倒な物件といえるでしょう。

しかし実は、底地には貸し主側に「いっそ手放してしまいたい」、借り主側に「いっそ買い取ってしまいたい」というニーズが隠れています。

貸し主とすれば、たいした収入にならないうえ、「放っておいて相続のときに面倒なことになったら」といった心配のタネもあります。

借り主としても、建物が老朽化しても借地では勝手に建て替えられないといった問題があり、「本当は二世帯住宅にしたいけれど、借地のままでは無理」とあきらめて、そのままになっていたりするのです。

ところが、貸し主・借り主ともに高齢であることも多く、放っておけば「手放したい」「買い取りたい」というニーズがかみ合いにくいという現状があります。そこで、サンセイランディックの出番です。

サンセイランディックでは、こうした土地で貸し主と借り主の間をとりもち、売買を仲介するビジネスを展開しています。

貸し主と借り主は、長年のつき合いがあるなかで、「買ってほしい」「売ってほしい」とはなかなか言い出せないものです。

そこで間にサンセイランディックが入ることにより、ビジネスとして話がスムーズに進むというわけです。

貸し主が売りたい時期と借り主が資金を準備できる時期にズレがある場合、一時的にサンセイランディックがその土地を購入し、時機を見て、借り主に売却するケースもあります。

ビジネスのキモは、いかに貸し主、借り主双方の話をきちんと聞いて、「落とし所」を探るかにあります。

どちらもさまざまな事情を抱える高齢者であることが多く、じっくり話を聞きながら、それぞれの要望をどう満たすかが腕の問われるところであり、ノウハウの蓄積が活きるところでもあります。

団塊の世代からの相続が増えるなか、「長年そのままにしていた底地の問題をなんとか処理しておきたい」といったニーズが高まっており、案件の数は増えています。

これまでは街の不動産屋さんなどが相談に乗るケースが多かったのだと思いますが、あまりに面倒なのでなかなかうまく処理できずにいたと考えられます。

サンセイランディックはその間隙《かんげき》を突いて存在価値を発揮しているわけです。

不動産の世界は非常に奥深いものです。さまざまな事情が絡み合い、「面倒で誰もやりたがらず、宙ぶらりんになっている」案件は少なくありません。

スター・マイカやサンセイランディックのように、そういった案件を一つずつ整理することで利益を得るビジネスには、着実なニーズがあります。地道に取り組めば収益源として立派に成立するものが、ほかにもあるかもしれません。

第5章

「苦瓜式」銘柄・情報整理術

会社の数字は「手書き」で要点をつかむ

前章までは、私の株式市場の見方や株価の考え方、日本の中堅企業と中小型株投資の魅力についてご説明してきました。

私の投資スタイルに共感してくださっても、「中小型株への投資に興味があるけれど自分で銘柄を選ぶのは難しそう」「投資できる資金が少ないので個別株投資はハードルが高い」という場合には、私が運用する投資信託をご検討いただければと思います。

しかし、「この本で読んだことを参考にしながら、自分で日本の中小型株投資に挑戦してみたい」という人も、当然いらっしゃると思います。

そこで、本章では、個別株投資に挑戦する人に向け、少し具体的に「苦瓜式」の銘柄・情報整理方法や企業業績データのチェックポイント、そして株式市場に対峙するときの心構えについての私見をお話ししたいと思います。

これまで重ねてご説明してきたとおり、私の投資スタイルは、丁寧に企業調査をしたうえで株価水準が割安な銘柄を買い、本来の企業価値から考えられる株価水準に戻るのを待つというものです。

この投資法においては、投資対象になり得る銘柄について、企業価値がどれくらいで現在の株価水準はいくらが適正といえるのかを、長期でウオッチしながら買うタイミングを探ることになります。

そのために必要なのが、対象となる会社の数字を時系列で追うことです。

私の場合、企業業績データは1社ずつ、ルーズリーフに手書きで整理しています。決算後に企業と1回面談したら、その情報を1枚表裏にまとめてバインダーに綴じていくのです。

2回、3回、4回、と面談回数が増えるごとに、その企業の情報を書いたルーズリーフが1枚ずつ増えていくイメージです。

1回の面談でルーズリーフ1枚分というと、情報量が少ないように思えるかもしれませんが、「あれもこれも」とたくさん情報を集めても、あまり意味はありません。ある程度、重要な情報に絞ってチェックすることこそ重要だというのが私の考えです。

手書きでデータを書いていくというのも、「非効率ではないか」と感じる人が少なくないでしょう。

しかし、大量の数字データを扱うのでなければ、エクセルなどを使うよりも、手書きのほうがスピーディーに情報をまとめられるものです。

また、数字を手で書いていると、自然に気づくことがあったり、数字の流れが見えてきたりもします。

感覚的なことでいえば、手書きだと、より数字を「味わう」ことができるとも感じています。

他人と共有するデータなら、きれいにまとめることも必要かもしれませんが、自分で限られた量の情報を整理しておく分には、手書きのほうがメリットは大きいと思います。

企業業績データをまとめるときは、自分で「編集」する意識を持つことが大切です。

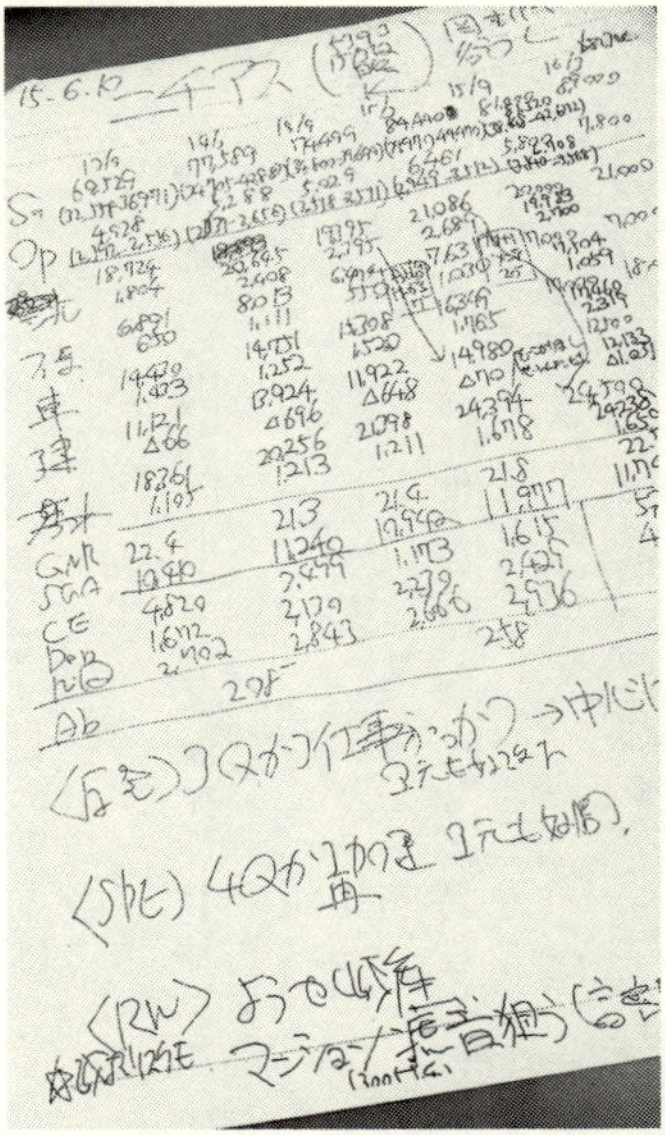

筆者が手書きで情報を整理したルーズリーフ

私の場合、1枚のルーズリーフのどこに何を書くのかをあらかじめ決めています。

たとえば、上から順に売上高、営業利益を書き、その下にセグメント（地域・部門）、情報、粗利率、販管費、さらに「設備投資額・減価償却費・研究開発費」のいわゆる3点セットを書いていきます。

このほか、たとえば為替など、企業によって重要な指標と考えられるデータがあれば、それも書き込みます。

書く場所を決めているのは、過去にその企業の情報をまとめたルーズリーフと比較したとき、時系列で変化を追いやすくなるからです。

また私の場合は、企業と面談して話を聞きながら書いていくので、書く場所をあらかじめ決めておくと、無駄なくスムーズに情報を整理できるというメリットもあります。

その期の特徴的な数字に結びつく事柄については、数字のすぐそばにメモしておくのが大原則です。

たとえば特需があって、売り上げも利益も大幅に伸びた場合など、メモしておけば、何年後に見直しても、すぐに「このときは、あの特需があったんだった」などと思い出すことができます。

こういった編集の自由度の高さも、手書きならではのよさといえるでしょう。

数字とその背景を書き込んだら、その下に今期のトピックスを書き込み、さらに来期のトピックス、競合他社の話、社内組織や人事の話、海外展開の話などを裏面にかけてメモしておきます。

中期経営計画など、「あてになるかどうかわからないけれど、会社としてはこんな方向を目指しているんだな」という話も、裏面の下のほうにメモしておきます。

面談の際に聞いた「こぼれ話」も、欄外にメモしています。

投資の判断に直接的に結びつくことでなくても、雑談のなかには自分自身の勉強になる話もあるものだからです。

また、面談相手の言い間違いや、特徴的な言葉遣いなどもメモに残したりしています。

言い間違いは、相手がその分野について正しい知識を持っているのかどうかを見極める際に参考になりますし、ある業界の年配の人の間だけで通用している言葉が出てくれば、「あのあたりの企業文化圏の人なんだな」と推測できたりもします。

数字はセグメント別にチェックする

次に、企業業績データを見る際の視点について、ご説明したいと思います。

具体例として、ニチアス（証券コード５３９３）の２０１７年3月期決算説明会資料を見ていきましょう。

ニチアスは、「断つ」「保つ」技術に強みを持つ、素材メーカーです。

プラントや半導体、自動車などに向けて、「漏れを断つ」「熱を断つ、保つ」「腐食を断つ」といったニーズに対応する製品を手がけています。

歴史をたどれば、ニチアスはアスベストを手がけていた会社です。

アスベストは、その性質から断熱材や絶縁材に使われていましたが、健康被害を起こすことが問題となったことは、みなさんもご存じのとおりです。

このような背景から、ニチアスはアスベストの代替となる、優れた素材を開発することで成長してきました。

アスベストを知り尽くしているからこそ、代替製品に求められる性能についてもよくわかっていたことが、同社の高い開発力につながったのではないかと思います。

ニチアスは私が前職の頃から調査を続けている会社の一つで、ビジネスに対する姿勢が非常に真面目だという印象を持っています。

たとえば同社のＩＲ担当者と話をしていると、異動で担当が代わっても、それぞれ自分の言葉で自社のビジネスについて語っていることに気づきます。

ＩＲ担当とはいえ、会社を代表して話せる中堅社員というのは必ずしもそんなに多くはなく、そういった人材がそろっている同社には、会社のことを自分のこととして考える企業風土があるのだろうと想像しています。

同社はアスベストというビジネスの心臓であった素材を手放さざるを得なかったわけですが、真面目に「自社に求められていることは何か」を追求していれば、そのような危機的状況に直面しても生き残れるということを示したといえるでしょう。

それでは同社の決算説明会資料をもとに、大事なポイントをご説明します。

次頁の図5にある、セグメント別の数字をご覧ください。

企業が複数の事業を持っていたり、さまざまな国・地域で事業を行っていたりする場合、会社全体の数字だけを見ていては、なかなかその会社の実態をつかむことはできません。

そこで必ずチェックしたいのが、事業別・地域別など「セグメント別」の数字です。

図5 ニチアス セグメント別業績推移

	セグメント	14/3期 実績	15/3期 実績	16/3期 実績	17/3期 実績	18/3期 予想	17/3期 増減率
売上高	プラント向け工事・販売	386	481	515	524	550	5%
	工業製品	394	382	408	414	420	1%
	高機能製品	149	141	155	195	210	8%
	自動車部品	292	317	355	378	425	12%
	建材	250	269	271	293	295	1%
	計	**1,471**	**1,589**	**1,704**	**1,804**	**1,900**	**5%**
営業利益	プラント向け工事・販売	23 6.0%	33 6.9%	38 7.4%	46 8.7%	45 8.2%	−2%
	工業製品	42 10.7%	47 12.2%	60 14.6%	60 14.5%	62 14.8%	3%
	高機能製品	18 11.8%	16 11.2%	22 14.2%	37 18.8%	36 17.1%	−2%
	自動車部品	27 9.2%	33 10.4%	44 12.5%	41 10.9%	41 9.6%	0%
	建材	△8 −3.0%	△13 −5.0%	△13 −4.8%	12 4.2%	13 4.4%	5%
	計	**102 6.9%**	**115 7.2%**	**151 8.9%**	**196 10.9%**	**197 10.4%**	**1%**

出所：2017年3月期決算説明会の資料　（単位：億円）

ニチアスの場合、セグメントが「プラント向け工事・販売」「工業製品」「高機能製品」「自動車部品」「建材」の五つに分かれています。

セグメント別の売上高を見ると、「高機能製品（半導体向け）」と「自動車部品」が伸びていることが見て取れます。

こうして分解してみることが、次に「そのセグメントが伸びているのはなぜか」「今後はどうなりそうなのか」を考えるための手がかりになるわけです。

ちなみに、セグメント別に見るとい

っても、「分けすぎる」のは考えものです。

重要なのは「そのセグメントは、どんなパターンで売り上げや利益が伸びたり伸びなかったりしているのか」ですから、パターンが似ているセグメントは、逆に「まとめる」ことも必要でしょう。

セグメント別に情報を見るのは、あくまで「全体像をわかりやすくする」ことが目的ですから、「把握しやすい程度に分ける」ことがポイントといえます。

業績の変動要因を見て、予想に落とし込む

セグメント別に数字をチェックしたら、どのセグメントに注目すべきなのかを見極め、そこをより詳しく見ていきます。

特に、業績への影響が大きいセグメントについて変動要因を探ること、そこから今期、来期の予想にいかに落とし込むかが、プロの腕の見せどころともいえます。

「変動要因を探って、予想に落とし込む」というのは、たとえばあるセグメントの売り

上げが好調に伸びているとして、それがどこまで続きそうなのか、安定感があるのかどうか、を見極めるイメージです。

たとえば、何らかの特需があって売り上げが伸びた場合、特需がなくなれば、その分の売り上げはなくなると見込んでおかなくてはなりません。

一方で、世の中の構造に変化が起きており、売り上げの伸びがその前兆にすぎないのであれば、今後さらに売り上げが大きく上振れする可能性もあるわけです。

また、事業ごとの売り上げのブレやすさにも、注意が必要です。

たとえばニチアスの場合、自動車部品と高機能製品（半導体向け）では、安定感に差があることを考慮しなくてはなりません。

一般に、自動車向けというのは、「波が比較的小さい」と考えられています。

自動車はその多くが消費者に売るものであって、数年サイクルで買い替えもあるので、需要が安定しているからです。

自動車と比較すると、工場の機械などに向けた製品は、ブレが大きくなります。

特に半導体については、足元の数年はブレが小さかったといえますが、これは一時的な事象だろうと私は考えています。

そもそも半導体は技術の進歩が速く、かつ求められる性能もどんどん変化するため、売上高や利益が大きくブレるのは避けがたいものだからです。

一般論としては、技術革新の速いものは、「同じ性能のものなら、1年前と同じ値段では絶対に売れない」ので、売り上げや利益のブレは大きくなりがちです。

投資家としては、そのブレがどの程度業績に影響を与えそうかを見極めることが重要といえます。

以上をふまえ、私がルーズリーフにどんなことを書き留めているか、もう少し具体的にお話ししましょう。

必ず書いておくのは、増益要因と減益要因です。

売れた数量、価格、あるいはコストダウンなどがあれば、その背景を聞いて記録しておきます。

また、為替の影響や、原料費などについても書き留めておきます。

たとえばニチアスでは、16年3月期は原油価格の下落により燃料費を抑えられたため、利益が上振れしました。

この場合、今後の原油価格の動向を考慮することが必要ですし、また増益したという結果に対しても、原油価格の影響が大きいという点からあまり高い評価はしないことになります。

要因を分析する際に留意しているのは、それが計画の範囲内で会社がコントロールできているのか、あるいはコントロールしきれておらず、今後の不安要素になるのかという点です。

もう一つ補足すると、企業が「年度単位」でものを見ており、大半の日本企業は安定成長を好むということも頭に入れておく必要があるでしょう。

これはどういうことかというと、ある年度だけ利益が大きく上振れすることを避けようとする傾向があるということです。

特に第4四半期は利益の調整に使われることが多く、業績が好調だった場合、第4四半期に賞与を出したり、修繕費を出したり、宣伝広告費が膨らんだりということが起こりがちです。

このような場合、最終的に利益の伸びがさほど大きくなくても、余裕があることは明らかですから、当該企業の実力は「数字よりも少し上」と判断することもあるわけです。

販管費や宣伝広告費などは、決算書を読めば、数字の推移は把握できるでしょう。

こういった数字を細かくチェックし、長期で追い続けていれば、その企業の実力をうかがい知ることができます。

バランスシートはシンプルにまとめる

バランスシート（貸借対照表）については、プロとしては「一度はチェックする」のが一番正しい態度ではないかと思っています。

暴論に聞こえるかもしれませんが、安全性に強い懸念のある会社でなければ、毎回バランスシートを見る必要性は高くないと考えています。

見るべき点があるとすれば、最低限の効率性があるかどうか、財務のバランスに問題がないかということくらいで、私はそれ以上のことはチェックしていません。

とはいえ、「一度はチェックする」ことは必要です。その際に重要なのは、できる限りシンプルに捉えることだと思います。

バランスシートというのは項目が非常に多く、ぱっと見ても、その企業の状態を把握するのは難しいものです。

そこで私は、まとめていい項目は足し合わせてしまい、五つの数字だけにまとめる「苦瓜式バランスシート」を活用しています。

やり方は簡単です。まず、貸借対照表の右側の「貸方」、つまり「企業がどうやって資金を集めたか」を示す部分については、「自己資本（株主資本）」と「有利子負債」にまとめます。自己資本は「返さなくていいお金」、有利子負債は「返す必要のあるお金」ですね。

貸借対照表の左側の「借方」、つまり「企業が集めた資金が、どのような資産にどれくらい投資されているか」を示す部分については、「設備（有形固定資産＋敷金）」「運転資金（売上債権＋在庫－支払い債権）」「現金」にまとめます。それ以外の項目は、大きくない限り無視します。

安全性に問題がなく、普通に会社が回っている場合は、これくらいシンプルにまとめたほうが現状を把握しやすくなります。

たとえば1年ごとにバランスシートを確認する場合も、5項目に整理してみれば、変化を追うのが非常にラクになるわけです。

また、知りたい指標も簡単に計算できます。たとえば、事業の効率性を測る指標に「ＲＯＩＣ（投下資本利益率）」があります。

これは「営業利益÷（設備＋運転資金）×１００」で計算でき、事業のために投下した資本の何倍を稼げたかを表します。

私はＲＯＩＣをそこまで重視しているわけではありませんが、「10％あれば文句はない」というくらいの基準で、最低限のチェックをしています。

もちろん、業種によっては極端に重い在庫を持たざるを得なかったり、設備が重くなりがちであったりもしますから、バランスシートを丁寧に見る必要があるケースもあります。

しかし、特別な事情がない企業の場合は、「バランスシートを気にする必要があるくらいなら、買わないほうがいい」と考えています。

「設備投資」と「研究開発費」は適切に使われているか

もう1点見ておきたいのは、設備投資や研究開発費など、「今後の成長に関わるお金が適切に使えているかどうか」です。

これらは「その会社が、これから何をしようとしているか」が見える部分でもありますから、「成長が見込める分野に、きちんと投資しているかどうか」などをチェックできるのです。

もっとも、設備投資といっても、そのすべてが「未来のため」に使われるわけではありません。

設備を更新するための投資も必要なので、それが最低どれくらいあるのかを把握し、それを超過した部分が、「未来のための投資」と考えます。

ちなみにニチアスの場合、設備投資はだいたい30億円程度が「更新投資」で、残りが「未来のための投資」と考えられそうです。

次に、「未来のための投資」がどこに向けられているのかを確認します。

ニチアスの場合、私は今後の成長が期待できる海外への投資に注目しています。決算説明会資料によると、成長市場と位置づけるベトナム、インドネシア、中国、チェコ、マレーシアなどで新工場をつくったり、増産対応を進めたりする計画のようです。

なお、設備投資や研究開発費については、一般に有価証券報告書などでも主要なものを確認できます。

設備投資や研究開発費の評価については、成長が見込める分野に投資できているかという点に加え、「そもそも、お金をかけずに業績を伸ばす方法はないのか」、つまりムダな投資をしていないかという点や、投資によって見込まれる売り上げの増加に対して、投資金額が適切かどうかなどを検討することになります。

もちろん一般的には、企業は「今後成長が期待できるから投資をするのであって、これはムダな投資ではなく、投資金額に見合う売り上げが出せるだろう」と見込んでいるものではあります。

しかし、客観的に見て、そうとはいいにくいケースがあるのも確かです。はたから見ると、「なぜそんなことにお金を突っ込むのか」と不思議に思うケースも少なからずあるのです。

私は、設備投資や研究開発費は、「筋道の通ったことをしているか」を重視して見るようにしています。成長のために積極的に投資をしているというだけでは、評価はしません。

もし投資をしても成長が期待できないなら、ムダなことはせず、粛々と今の事業を継続することも大事だと思うのです。

中小型株投資は個人でもできる

さて、ここまでは企業業績で何に注目すべきか、私の考えを紹介してきました。

ご紹介した方法のなかには、個人投資家の方が実践するのが難しいものもあります。たとえば増益や減益の要因、設備投資の目的やその中身などは決算資料に書かれていたりして把握できるものもありますが、私のような立場で面談するからこそ、詳しく知ることができる情報もあるものです。

しかし、だからといって「個人には中小型株投資はできないのか」といえば、そんなことはありません。

まず一つ、前提として考えておいていただきたいのは、どんな情報も「知り尽くす」

ことはできない、ということです。

私は非常に多くの企業との面談を重ねてきましたから、さまざまな業界の全体的な動きがなんとなくつかめることもあります。

しかし実のところ、おそらくみなさんがイメージするほどには、「見えていない」ことが多いのです。

私がやっているのは、まず個別の会社を深く知ることであり、そして面談した会社がまともだと思えば、その会社のいうことを信じる、ということです。

そうやって「信頼できる」と思える情報を一つひとつ集めていくと、「信頼できる人がいう情報は信頼できる」といったつながりが生まれ、情報に相互チェックがかかりやすくなります。

つまり、私は情報のネットワークを広げること、それをいかに緻密、かつ大きくしていくかということを日々繰り返しているわけです。

もちろん、このような積み重ねによって、判断の精度は上がります。

しかし、日々の繰り返しなかでは、判断を誤ることが今でもたくさんあります。それは反省して、また次の判断につなげていくしかないわけです。

自分のこれまでの経験をふまえて感じるのは、結局、どれだけ調査を重ねても、「すべてを知り尽くす」ことなど絶対にできないということです。

個人投資家の方が自分で中小型株投資をする場合、確かに情報のネットワークを広げるには限度があるでしょう。

しかし、「すべてを知り尽くすことはできず、常に判断を誤る可能性がある」という点では、私と変わりはありません。

ですから、たとえばみなさんが「この人は信頼できる」と思う人から聞く情報があれば、あるいは、よく知っている業界や地元の企業などがあれば、それをもとに投資先の銘柄を探すというのも十分に有効な方法といえます。

それに、日本には魅力的な地方企業がたくさんあり、見落とされている銘柄もたくさんあります。地元ならではの情報をもとに、隠れた優良銘柄を探し出せる可能性もあるでしょう。

また、個人投資家がプロに勝てる可能性があるとすれば、「特定の事柄に詳しくなること」が強みになるということも覚えておいてください。

プロの投資家は、できるだけ幅広く世の中の動きを知って、運用のバランスをとることが求められます。これは裏を返せば、「知識が浅くなりがち」だということです。

私自身は、できるだけ多くの企業を調査したいという欲求があるので、「知識の浅さ」については、「自分はこれでいい」と割り切っています。

しかし、本当の意味で、一つの産業や企業のことを熟知しているといえるレベルには到達し得ないわけです。

その点、一つのことをじっくり腰を据えて研究するのが苦にならないタイプの人なら、特定の産業や企業について詳しく調べていくことで、勝てる可能性が高まると思います。

勝負事では「割り切る」ことが重要

私の投資法を参考に中小型株投資をする場合は、大前提として、ある程度は楽天的であることが必要だと思います。

これは言葉を換えれば、「マーケットを信頼すること」が求められるということです。

また、私は「常に自分は正しいはずだ」と考えるタイプの人は、株式投資には向かないと思っています。

どんなに正しく投資をしているつもりでも、リスクはゼロにはできません。

自分が吟味して買った銘柄が値下がりしたとき、その理由も明確なのに、「自分が間違っているはずはない、こんな状況には耐えられない」とストレスを感じる人は、株式投資をしないほうがいいでしょう。

みなさんはどうでしょうか。一生懸命勉強し、研究し、吟味し尽くした銘柄に投資したとき、「間違うことは当然、誰にでもある」ということを冷静に受け止められそうでしょうか？

株式投資に限らず、世の中のことはすべて、予想し尽くすことなどできません。

わからないことだらけのなかで、リスクのあるところにお金を投入するのですから、ある種の「あきらめ」を最初に持っておくべきだというのが私の考えです。

そして、「自分が間違う可能性がある」ことを前提とすれば、投資に充てるお金は当然、余裕資金であるべきです。失敗したときに生活に影響を及ぼすような金額を、株に投じることはお勧めできません。


こうした心構えを持てるなら、少しずつ株式投資に挑戦していってもいいでしょう。あとは、試行錯誤を繰り返して、自分なりのスタイルを見つけること。そして「このスタイルがいい」と思ったら、それを崩さず実践していくようにするのが、「勝負に勝つ」ためのポイントではないかと思います。

投資には、勝負事という側面があります。「勝負事」という観点に立てば、「迷ったら損」というのが私の考えです。

これは私が将棋、囲碁、麻雀などの勝負事で負け続けてきたなかで、勝負強い人に触れて実感したことの一つです。

勝負の世界では、「迷っているだけの状態には何のメリットもなく、傍《はた》迷惑なだけだ」といわれます。これはあらゆる勝負事に共通の考え方です。

たとえば、同じ問題について考え続けたあげく、答えが出ない場合、少なくともそれは「今は考えるべきではない」のです。答えが出ない以上、状況が大きく変わらない限り、考えるのはやめたほうがいいのです。

解決策を見出しようがないことについて長々と悩むタイプの人は、あまり勝負事には向かないといえます。そこは割り切って「いったん置いておく」ことができるかどうかが、勝負強さにつながります。

株式投資においても、一度「これは合理性がある」と思うルールを見つけたら、迷わず、それを実践し続けることが、勝ちを目指すことにつながるのだと思うのです。

株で勝つ人、負ける人

株式投資では、「これをやったら負ける」というパターンがあります。それは、「人の半歩後ろをついていく」ことです。

「株価が徐々に上がってきているし、みんな、これからまだまだ成長するといっているから……」

そんな考えのもと、「後追い」で投資をすれば、ほぼ確実に負けてしまうでしょう。

こうした「人の半歩後ろをついていく投資」を繰り返して負け続ける個人投資家は、少なくないはずです。

有名なファンドマネジャーが言及した銘柄に飛びついたり、メディアが「今こそ株式投資だ」とあおるのを見て「そろそろ始めてみようか」と考えたり、雑誌などで紹介されている「これから上がる株」といった銘柄リストを信じて株を買ったりといった行動は、すべてNGです。

そういった銘柄はすでに値上がりしていることが多く、遅れて飛びついた人はカモにされて、「高値づかみ」をするのがオチでしょう。

もっとも、私が運用する投資信託の月報で紹介している銘柄は、もしかすると参考にしていただいてもいいかもしれません。世の中のアナリストレポートにもほとんど出ていないような銘柄しか載せていない「レア情報」ですし、何より「目先の株価が上がりそうかどうか」ではなく、「株価が本来の企業価値から見て、割安かどうか」を基準にしているので、長期保有を前提とするなら、勝てる可能性はあるかもしれません。もちろん、判断はご自身の責任でお願いします。

いずれにしても、「自分はこのスタイルで運用する」という確固とした考えがなく、他人頼みでは、なかなか投資で成果を上げることはできないものです。「安心して買える株などない」ということを肝に銘じておきましょう。

もう一つ、「株で負ける人」にならないために頭の片隅に置いておいていただきたいのは、「株式投資には神話はない」ということです。

たとえば新進気鋭のベンチャー企業が、夢のような成長ストーリーを提示することがあります。そういった「神話」に踊らされる人は少なくありませんし、実際に「神話」に基づいて株価が高騰することもあるものです。

しかし、長期的に見れば、そういった株価の上昇が持続することは、そう多くありません。

株式市場では、原則として、常識的な話をベースに株価が動いているものです。株式投資をしたことがない人は、株式市場を特別視しがちな傾向にありますが、実際には、常識をくつがえすような特殊な理屈が長期にわたってまかり通ることはないのです。

ですから「神話」を信じて夢を追いかけるのではなく、キラキラした話を聞いたら、「それは常識的に考えて、可能なのかどうか」を冷静に考える姿勢を持つこと、基本的には警戒してあたることが必要だと思います。

「気絶投資法」ができる人は強い

一般の個人投資家がプロに勝てる大きな要因に、「お金をいつ、いくら投資してもいいし、いつ売ってもいい」という自由度が大きいことがあります。

プロの投資家は、お客様からお預かりした資金を運用しています。ですから資金が入ってくれば、原則として投資しなくてはなりませんし、解約するお客様がいれば、売りたくないタイミングでも株を売って現金化し、お返ししなければなりません。

たとえば相場全体が大きく下がったとき、私の投資法でいえば「本来の企業価値から見て、株価が大幅に割安になっている」ケースが多いわけですから、そういった銘柄を買う絶好のチャンスであることが多いといえます。

ところが、相場が大きく下がったことで「もっと値下がりしたらどうしよう」という不安を感じ、投資信託を解約するお客様がたくさんいたら、どうなるでしょうか？

投資のチャンスどころか、保有し続けていればいつか株価が上がる可能性のある銘柄を、株価が大きく下がっているタイミングで売却するハメになるというわけです。

個人投資家の場合、こういった制約はありません。自分が買いたいときに買い、売りたいときに売ればいいのです。

私が勧める、「本来の企業価値と比較して、株価が割安であれば買う」という方法であれば、「十分に割安だ」と判断できたら、すぐに買っていいでしょう。

そして買ったあとは、株を買ったことをさっぱり忘れてしまうことをお勧めします。

株価というのは、日々追いかけていても、あまり実りのあるものではありません。

それよりは、人生の貴重な時間を株式市場に惑わされることなく有意義に活用し、1年なり2年なり経ったところで、「そういえばあの銘柄はどうなったかな」と思い出して株価を確認し、そこでまた次の投資戦略を考える……というくらいのスタンスで臨むほうが、心身の健康のためにもよいのではないかと思います。

さらにいえば、個人投資家が株式投資で勝つには、株式市場がボロボロになったときに買い、そのまま気絶したようにそのことを忘れてしまうのが、「王道」です。これを私は「気絶投資法」と呼んでいます。

株価が暴落しているときに買いに走るというのは、資金が流出しがちなプロの投資家にはなかなかできないことで、個人投資家の大きな強みだと思います。

暴落時には、本来の企業価値からは考えられないほど株価が下がる銘柄がたくさん出てくるものです。

もちろん、暴落の背景を考え、その会社の価値が本当に失われているのではないかと、よく吟味する必要はあるでしょう。

しかし、「相場に引きずられているだけで、企業価値は失われていない」と思うのであれば、それは「買って気絶する」絶好のタイミングといえます。

特に若年層の人なら、今後の人生で株価が暴落する「チャンス」を一度は経験するでしょう。それを楽しみに待つのも、一つのスタンスなのです。

おわりに

株式投資の世界は、多くの人から勘違いされているように感じることがあります。「一部の特別な情報を持った人だけが、いい思いをしているのではないか」「うまい話に乗れば大儲けできるのではないか」といった誤解が、いまだに根強く残っているようです。

しかし、株式投資の世界に「魔法」はありません。

投資で成果を上げていくには、当たり前のこと、つまり投資先候補となる企業についてきちんと調べ、その本当の価値を見極め、企業価値から考えられる妥当な株価に基づいて投資をするという「基本」を守るのが王道だと私は思っています。

そして、この「基本」を守って投資をしていれば、それなりに報われるのが株式投資のいいところだとも思っています。

近年、「ビッグデータ」や「ＡＩ」といった言葉がメディアを賑わせるようになりました。資産運用の世界でも、ビッグデータをＡＩで分析して銘柄を選別するといった運用商品が登場しています。

しかし私は、企業調査においては「当たり前のこと」をきちんとやることこそ重要であり、一社一社面談して企業の価値を見極めるという調査方法は、そう簡単にＡＩに負けることはないと思っています。

そもそも企業の実態や実力を見る場合、重要なのは「その会社にしかない」データを拾い集めて、分析することです。そういった分析による地に足の着いた判断を、ビッグデータから導き出せるかといえば、難しいだろうと思います。

私は今後も、株式市場を信じ、企業との面談を重ねながら地道な企業調査を行い、私が運用するファンドを保有してくださっている方々にリターンできるよう努力していきたいと思います。

最後までお読みいただき、ありがとうございました。

著者略歴

苦瓜達郎《にがうりたつろう》

大和住銀投信投資顧問のシニア・ファンドマネジャー。

1990年、東京大学経済学部卒業。

大和総研を経て、2003年より中小型株ファンドの運用に携わる。

格付投資情報センター「R&Iファンド大賞」国内中小型株式部門において、2012～2017年の6年連続で「最優秀ファンド賞」「優秀ファンド賞」を受賞。

直近の第13期の1年間（2016年6月11日～2017年6月12日）では、ファンドの運用実績は年44・3%のプラスである。

幻冬舎新書 476

ずば抜けた結果の投資のプロだけが気づいていること
「すごい会社」の見つけ方

二〇一七年十一月三十日 第一刷発行

著者 苦瓜達郎

発行人 見城 徹
編集人 志儀保博
発行所 株式会社 幻冬舎
〒一五一-〇〇五一 東京都渋谷区千駄ヶ谷四-九-七
電話 〇三-五四一一-六二一一(編集)
〇三-五四一一-六二二二(営業)
振替 〇〇一二〇-八-七六七六四三
ブックデザイン 鈴木成一デザイン室
印刷・製本所 中央精版印刷株式会社

Printed in Japan ISBN978-4-344-98477-6 C0295
に-6-1
幻冬舎ホームページアドレス http://www.gentosha.co.jp/
*この本に関するご意見・ご感想をメールでお寄せいただく場合は、comment@gentosha.co.jp まで。

幻冬舎新書

大村大次郎
決算書の9割は嘘である

決算書は所詮企業が自分で作った成績表。体面を気にする一流企業の決算書ほど、実は粉飾や脱税などの嘘にまみれている。元国税調査官が、決算書を通して、危ない企業の見分け方を伝授。

門倉貴史
本当は嘘つきな統計数字

なぜ日本人のセックス回数は世界最下位なのか？ 協力者の選び方次第で結果が正反対になる世論調査、初めに結論ありきで試算される経済統計等々、統計数字にひそむ嘘を即座に見抜けるようになる一冊。

坂口孝則
牛丼一杯の儲けは9円
「利益」と「仕入れ」の仁義なき経済学

利益が生まれる舞台裏では何が行なわれているのか？ そこには大量仕入れから詐欺仕入れまで、工夫と不正が入り混じる攻防があった。身近な商品の利益率から、仕入れの仕組みを明らかにする。

副島隆彦
お金で騙される人、騙されない人

銀行、証券、生保のウソの儲け話に騙されて、なけなしの預金を株や投資信託につぎ込み、大損した人が日本国中にいる。金融経済界のカリスマが、12の事例をもとに、世に仕組まれたお金のカラクリを暴く！

幻冬舎新書

出口治明
人生を面白くする
本物の教養

教養とは人生を面白くするツールであり、ビジネス社会を生き抜くための最強の武器である。読書・人との出会い・旅・語学・情報収集・思考法等々、ビジネス界きっての教養人が明かす知的生産の全方法。

桜井章一　藤田晋
運を支配する

勝負に必要なのは、運をものにする思考法や習慣である。20年間無敗の雀鬼・桜井氏と、「麻雀最強位」タイトルホルダーの藤田氏が自らの体験をもとに実践的な運のつかみ方を指南。

小谷太郎
理系あるある

「ナンバープレートの4桁が素数だと嬉しい」「花火を見れば炎色反応について語りだす」……。理系の人特有の行動や習性を蒐集し、その背後の科学的論理を解説。理系の人への親しみが増す一冊。

原田曜平
ヤンキー経済
消費の主役・新保守層の正体

若者の消費離れが叫ばれる中、旺盛な消費意欲を示すのがマイルドヤンキー層だ。「スポーツカーより仲間と乗れるミニバンが最高」など、これからの日本経済を担う彼らの消費動向がわかる一冊。